OEUVRES
DE
JACQUES DELILLE.

TOME SEPTIÈME.

L.-É. HERHAN, IMPRIMEUR-STÉRÉOTYPE,
BREVETÉ DE S. A. R. Mgr. LE DUC DE BERRY,
rue Servandoni, n°. 13, près Saint-Sulpice.

PARADIS PERDU,

TRADUIT

PAR J. DELILLE.

NOUVELLE ÉDITION REVUE ET CORRIGÉE.

TOME PREMIER.

A PARIS,
CHEZ L. G. MICHAUD, LIBRAIRE,
RUE DE CLÉRY, N°. 13.

M. DCCC. XXII.

PRÉFACE DE L'ÉDITEUR.

Le *Paradis perdu* est resté long-temps inconnu en Angleterre; Milton fut méprisé et haï de ses contemporains; son siècle ne connut que ses opinions insensées, et il ne vit point la beauté de son génie : exemple terrible pour les écrivains qui seraient tentés de croire que la réputation littéraire est indépendante de la considération personnelle, et que l'éclat des talents peut effacer le tort d'une conduite répréhensible ou d'une opinion condamnable. Ce ne fut que quarante ans après la mort de Milton, et lorsque sa vie fut oubliée, qu'Addison apprit aux Anglais qu'ils avaient un poème épique. Les suffrages du siècle de Louis XIV ont manqué au *Paradis perdu;* le seul Rollin en a parlé comme d'un ouvrage rival de l'*Iliade*. Mais la littérature française était assez riche alors de ses propres chefs-d'œuvre : on n'a songé aux richesses étrangères que dans un siècle moins fécond et moins brillant. Voltaire, le premier, a fait connaître aux Français le poème du *Paradis perdu*. Dupré de Saint-Maur le traduisit en prose; sa traduction, peu fidèle, est élégante et correcte. Racine le fils, dont le suffrage est une autorité, a aussi traduit Milton : il a voulu éviter le défaut de Dupré de Saint-Maur; il est plus littéral, mais son style est moins rapide, moins élégant; et l'on pourrait dire de sa traduction, qu'elle est infidèle à force de fidélité. A la fin du siècle dernier, M. Monneron donna une traduction nouvelle de Milton, qui, malgré quelques légers défauts, pourrait suffire pour faire apprécier le génie de l'auteur anglais. Mais le *Paradis perdu* a des beautés qui ne peuvent être rendues que dans le langage poétique; cet ouvrage n'est en quelque sorte qu'une immense galerie de tableaux, dont la poésie seule peut animer les couleurs. Le docteur Beatty place le chantre d'Éden entre Thompson et Spencer. Le *Paradis perdu* est un poème descriptif; c'est à M. Delille qu'il appartenait de le traduire; celui qui a chanté l'*Imagination* pouvait seul nous faire connaître les sombres et sublimes rêveries du poète anglais, et l'aimable séjour d'Eden ne devait rien perdre de sa grâce et de sa fraîcheur dans les vers de notre chantre des Jardins.

On a fait quelques objections contre le sujet du *Paradis perdu* : le héros est malheureux ; et plusieurs critiques en ont conclu que le dénouement était contraire aux règles de l'épopée. Il est sans doute convenable de consulter la poétique d'Aristote ; mais si nous consultons le cœur humain, nous verrons qu'il est aussi facilement remué par l'intérêt d'une situation malheureuse, que par l'éclat des succès les plus brillants. Les héros de la tragédie sont presque toujours malheureux : ils ne perdent rien pour cela de leur gloire et de leur intérêt. Si Aristote et les autres législateurs de la poésie épique ont exigé que le héros d'un poëme fût heureux, il est vraisemblable qu'ils ont voulu parler de l'héroïsme guerrier ; en effet, ce genre d'héroïsme n'éclate qu'au sein de la victoire. Bellone comme la Fortune, avec laquelle elle n'est pas sans quelques rapports, prend rarement ses favoris et ses héros parmi les hommes qui n'ont éprouvé que des revers : pour elle la victoire est une décision des Dieux, et la gloire est dans le succès. Si Virgile eût chanté la défaite mêlés d'espérance; nous entendons mieux le langage de la douleur; et peut-être est-il vrai de dire que dans cette vie, appelée par l'Écriture une vallée de larmes, nous ne connaissons d'autre bonheur que celui qui consiste à être consolés.

L'action du *Paradis perdu* est essentiellement merveilleuse, et c'est un défaut qu'on lui a reproché. Cependant, comme elle se rattache à notre croyance, elle trouve notre attention toujours préparée; il nous en coûte moins pour suivre les tableaux merveilleux de Milton, que pour suivre les récits de Virgile et d'Homère, qui nous transmettent des faits étrangers à notre religion et à nos mœurs. La Muse du père de l'*Iliade* a souvent inspiré Milton; et l'épopée, traitée par ces deux poètes d'après les mœurs et les idées de leur siècle, rappelle l'idée de ces temples que les anciens avaient élevés à Jupiter, et qui, chez les modernes, sont devenus des églises ouvertes au culte du vrai Dieu.

Boileau, qui s'est si rarement trompé, ne concevait pas que la religion catholique pût se prêter au développement de l'épopée.

Et quel objet, enfin, à présenter aux yeux,
Que le Diable toujours hurlant contre les Cieux,
Qui de votre Héros veut rabaisser la gloire,
Et souvent avec Dieu balance la victoire? etc.

Il en est du monde littéraire comme du monde physique : les anciens ne croyaient pas que l'univers s'étendît au-delà des bornes d'Hercule; nos plus grands maîtres en littérature, élevés à l'école de l'antiquité, ne voyaient rien au-delà du Tartare et de l'Olympe des païens. Mais de même que de hardis navigateurs ont ouvert un nouveau monde à nos besoins, ainsi les découvertes du génie, et les ressources qu'il a trouvées dans notre religion, ont pu agrandir le domaine de l'esprit humain, et reculer les bornes de l'empire des arts. Milton a chanté le Ciel et l'Enfer des chrétiens; ses tableaux renferment les plus grandes beautés; et, s'il n'eût pas quelquefois manqué de goût dans ses inventions, nous ne craignons pas de dire que son livre eût égalé ce que l'antiquité a produit de plus grand et de plus sublime.

L'Enfer de Milton pourrait, sous plusieurs rapports, soutenir la comparaison avec le Tartare de Virgile et d'Homère. Le personnage de Satan est beaucoup plus brillant, beaucoup plus poétique, que le triste et sévère Pluton ; les voûtes brûlantes, les *ténèbres visibles* de l'Enfer, ne sont pas moins propres à frapper l'imagination, que le vautour de Prométhée et la roche de Sisyphe. Milton a conservé l'idée du fleuve Léthé, mais il en fait un emploi plus heureux que les anciens : les Anges rebelles veulent y boire l'oubli des peines, le flot recule devant eux et se dérobe à leurs lèvres brûlantes. L'image terrible du passé suit les coupables dans ces demeures éternelles et se mêle à leur supplice. Un des défauts qu'on peut reprocher à l'Enfer des anciens, c'est qu'on n'y trouve point le remords : l'Enfer des modernes se lie à des idées plus justes; les souvenirs n'en sont point bannis ; il se lie aussi à des images frappantes, car la porte en est fermée à l'espérance.

Les poëtes anciens mettent trop peu de différence entre le Tartare et la demeure des justes. Cette seconde vie, dit un écrivain en parlant des Champs-Élysées décrits par Homère, est triste comme la mort, et vaine comme le néant. Achille, rencontré par Ulysse dans les Champs-Élysées, dit qu'il aimerait mieux être l'esclave du plus indigent des laboureurs, que de régner sur le peuple entier des Ombres; les lecteurs d'Homère doivent être frappés de la vérité de ces paroles. Les poètes anciens n'ont trouvé d'autre bonheur pour les justes, que la vaine image de ce qui se passe sur la terre; Milton a placé ce bonheur dans son Enfer, et cette hardiesse ne nous cause pas trop de surprise. Nous ne croyons pas cependant qu'il ait eu l'intention de faire une critique de l'Enfer de Virgile et d'Homère; mais il est certain qu'il a mieux connu les convenances; et la religion chrétienne l'a mieux dirigé que n'aurait fait la mythologie des Grecs et des Romains.

Les scènes des Tartares des anciens se passent toujours de la même manière : tout y est asservi à une marche uniforme, comme dans une prison. Virgile et Homère peignent le Tartare tel qu'il a toujours été, et tel qu'il sera toujours. Milton, au contraire, peint son Enfer dans une occasion solennelle, dans une circonstance importante; il ne parle pas seulement des supplices accumulés dans l'empire de Satan, il montre encore toutes les fureurs dont il est tourmenté. Les Démons y délibèrent; chacun y parle selon le caractère qui lui est propre; chacun des personnages représente un vice ou une passion; tous les tableaux du poète sont animés, toutes ses couleurs semblent allumées aux voûtes étincelantes de ces régions de feu; les discours de Satan, de Moloch, de Bélial, sont remplis des plus mâles beautés; jamais l'Enfer n'offrit un spectacle plus terrible; jamais la Révolte ne parla un langage plus digne de son affreux génie.

L'Enfer de Milton n'est point cependant exempt de reproches; il y manque plusieurs traits essentiels; la révolution dans laquelle le poète a vécu devait lui fournir des modèles dont il n'a pas toujours profité. A travers les agitations et les mouvements tumultueux du royaume de Satan, il a oublié de peindre ces regrets déchirants, ces haines intestines qui poursuivent un parti coupable, lorsqu'il est vaincu. Il nous semble que les Anges punis devaient s'accuser mutuellement, et se reprocher leurs crimes et leurs malheurs; cette idée était nécessaire pour compléter le tableau de l'Enfer; et Milton a fait un contre-sens en représentant les Anges rebelles dans la concorde et dans l'union la plus parfaite : au lieu d'effrayer par ses dissensions, l'empire de Satan est le modèle des états; Milton va jusqu'à le comparer à la république des abeilles. Laharpe, dans son poème intitulé : *Le Triomphe de la Religion*, ou *le Roi Martyr*, a peint l'Enfer avec des couleurs beaucoup plus convenables ; il représente ainsi le farouche *Mammon*.

> Les Anges réprouvés, l'un de l'autre rivaux,
> Se détestent toujours, quoique toujours complices;
> La haine qui les ronge est un de leurs supplices.
> Mammon surtout, jadis dans les Cieux honoré,
> Dans la rébellion par faiblesse attiré,
> De ses honneurs perdus, tourmenté dans sa chaîne,
> Conserve au séducteur une implacable haine, etc.

Dans un autre passage, Laharpe met ce beau vers dans la bouche de Satan :

> Oui, moi-même je hais les crimes que j'inspire.

L'auteur de la *Messiade* avait déjà entrepris de corriger l'Enfer de Milton. Le poète allemand fait parler dans le sénat infernal le démon *Abbadona*, qui reproche à Satan d'avoir troublé le Ciel par ses fureurs, d'avoir sacrifié les Anges à son orgueil. Satan courroucé veut écraser son accusateur, mais sa droite formidable reste sans vigueur et sans force; il frappe la terre et frémit d'une rage impuissante. Ce tableau est effrayant de vérité.

Cette idée eût été un sujet fécond sous la plume de Milton; mais après avoir peint à grands traits le conseil des Démons sans montrer les éternelles discordes des méchants, il s'abandonne au délire d'une imagination fantasque et bizarre. Ces Anges, qui étaient si imposants, si terribles, ne sont plus, au dixième livre, que des vipères, des couleuvres, des dragons, des cérastes; tous les échos de l'Enfer retentissent de leurs sifflements : cette fiction n'est point à la hauteur du sujet; et le dernier conseil des Anges rebelles ne paraît être qu'une parodie du premier.

Plusieurs critiques se sont accordés à blâmer, dans l'Enfer de Milton, l'invention de la Mort et du Péché. Cette allégorie est la paraphrase de ces paroles d'un père de l'Eglise : *Deindè concupiscentia cùm conceperit, parit peccatum; peccatum verò cùm consummatum fuerit, generat mortem.* Cette idée n'est employée par S. Jacques que comme une figure; le tort du poète anglais est de la mettre en récit et de faire agir des êtres allégoriques. La Mort et le Péché, tels qu'ils sont décrits par Milton, ont d'ailleurs l'inconvénient de n'inspirer que l'horreur et le dégoût, au lieu de faire naître la terreur et la pitié, qui sont les ressorts nécessaires de l'épopée comme de la tragédie.

On s'étonnera sans doute que cette fiction bizarre ait trouvé des partisans enthousiastes ; on sait que la manie de certains commentateurs est de tout admirer, et les choses les plus défectueuses ne sont pas celles qu'ils admirent le moins. « J'ai lu l'allégorie de la Mort et du Péché, écrivait l'évêque Atterbury à Alexandre Pope, et je ne lui trouve rien de comparable dans l'antiquité. » La lecture de ce passage inspire à Barrow une sorte de mépris pour les pères de l'épopée antique, qui ne semblent avoir chanté que *des grenouilles et des moucherons*. Il ose proférer ce blasphème littéraire dans la langue même de Virgile :

Hæc quicumque leget, tantùm cecinisse putabit
Mænoidem ranas, Virgilium culices.

Il faut convenir néanmoins que cette allégorie est semée de détails admirables, et que les beautés que Milton a répandues dans son récit, ont pu racheter, auprès de quelques lecteurs, le défaut de goût dans l'invention. Le traducteur, qui a rendu les détails avec beaucoup d'exactitude, a cru devoir substituer au mot de *péché* le mot de *révolte*. La révolte peut se personnifier avec plus de vraisemblance ; elle a d'ailleurs l'avantage de rappeler l'idée d'un être féminin, ce qui rend plus vraisemblable la passion amoureuse de Satan. Une pareille liberté était permise à un grand poète qui en traduit un autre ; et cette heureuse infidélité n'est pas le seul service que Delille ait rendu à Milton.

Le Ciel décrit par le poète anglais a peut-être moins de défauts que les tableaux de l'Enfer ; mais on n'y trouve pas la même énergie et la même vivacité dans les détails, si ce n'est au 6.e livre, où se trouve la description de la bataille des Anges. Toutes les scènes de ce chant sont pleines de vie et de mouvement. Les apostrophes, les menaces de Satan et de Michel, sont dignes du génie d'Homère ; l'orgueil de Satan est peint de la manière la plus vraie et la plus éloquente. Le désespoir, la fureur des Anges qui sont précipités dans l'Enfer, le calme et la joie triomphale du Ciel, forment un contraste sublime. La sortie du Messie contre les Anges révoltés ressemble à la descente de Jupiter, lorsque, dans Hésiode, il va foudroyer les Titans. Le tableau d'Hésiode a peut-être plus de chaleur et de poésie; mais le caractère du Messie, que Milton a rendu avec tant de majesté, imprime à son récit un air de grandeur qui lui assure la supériorité.

Cette bataille des Anges a été tournée en ridicule : plus un sujet est élevé par lui-même, plus il est facile de le parodier. On a parodié les scènes les plus sublimes de l'épopée et de la tragédie. Cependant la plupart des objections qu'on a faites contre les Anges sont applicables aux dieux du paganisme; et Lamothe les avait déjà fait valoir contre les dieux d'Homère et de Virgile. Voltaire a beaucoup plaisanté sur ce que les Anges se lancent des montagnes, et se servent de l'artillerie. L'idée des montagnes lancées par les Titans est accréditée par les traditions poétiques de la Grèce et de Rome; quant à l'artillerie que les Anges rebelles emploient contre leurs adversaires, nous croyons que cette invention a été jugée trop sévèrement. La plus grande invraisemblance est sans doute d'avoir donné des armes aux esprits célestes; mais une fois que ce point est accordé, nous ne voyons pas pourquoi le poète ne resterait pas le maître de choisir les instruments guerriers qu'il met entre les mains des combattants. Les anciens représentaient leurs dieux avec une lance, des flèches et un carquois; Milton a donné aux Anges les armes des modernes; ces armes sont de véritables images de la foudre, et elles sont par cela même plus poétiques que la lance et les flèches des héros de l'antiquité. La poudre à canon est la découverte la plus funeste à l'humanité; et c'est à coup sûr un trait de génie que d'en avoir donné tout l'honneur à Satan. Cette dernière idée est très-bien développée par Milton, et mieux encore par son traducteur.

> Et faut-il s'étonner que l'auteur de nos maux,
> Satan, ait inventé ces tonnerres nouveaux !
> Dieu lui-même étouffa cet art dans sa naissance :
> Depuis, il le permit pour servir sa vengeance ;
> Et, lorsqu'enfin le crime eut fatigué ses traits,
> Par nos propres fureurs châtia nos forfaits.

On pourrait trouver dans cette bataille de

Milton des défauts plus réels. D'abord, comme l'observe le traducteur lui-même, on sait trop de quel côté doit se déclarer la victoire; le récit perd ainsi de cet intérêt qui naît de l'incertitude des événements. On pourrait ajouter que les caractères ne sont pas assez variés : celui d'Abdiel est faiblement tracé : le lecteur ne voit sur le champ de bataille que trois ou quatre personnages, et le reste demeure perdu dans la foule. Dans les combats d'Homère et de Virgile, chacun des héros est caractérisé; chacun des dieux parait avec l'attribut de sa puissance : cette variété de caractères interrompt la monotonie des récits. Milton n'a pas assez soigné ses détails; il lui échappe des inconvenances, et quelquefois des contradictions. Moloch, partagé en deux par le glaive de Michel, n'offre qu'une image repoussante. Tantôt les Anges paraissent avoir un corps, et tantôt ils n'en ont point. Cette confusion de l'esprit et de la matière embarrasse le lecteur; c'est ce qui a fait dire à Johnson (1) que le sixième livre est celui qui plaît le plus à

(1) Voyez la *Vie de Milton* par Johnson, dans la traduction qu'en a donnée M. Boulard.

la jeunesse, mais qu'on en néglige quelques détails à mesure qu'on arrive à l'âge de la maturité.

Dans le troisième livre du *Paradis perdu*, Milton a imité le début du dixième livre de l'*Enéide*.

Conciliumque vocat divûm pater atque hominûm rex
Sidereaw in sedem ; terras undè arduus omnes
Castraque Dardanidûm adspectat populosque latinos.

Du trône où sa splendeur, dans une paix profonde,
Domine les hauteurs qui dominent le monde,
A travers le cristal du pur azur des cieux,
L'Éternel ici-bas avait jeté les yeux.

Il voit nos premiers parents dans Éden, et Satan, vainqueur du Chaos, traversant les airs qui avoisinent la terre. Son œil perçant voit à la fois le présent, le passé, et l'avenir. Les discours qui se prononcent dans le conseil de Dieu ne sont pas aussi beaux que ceux du dixième livre de l'*Enéide* : l'Éternel parle trop longuement, ce qui ne sied point à la toute-puissance ; il justifie sa conduite, ce qui est contraire à l'idée que nous concevons de sa majesté. Virgile néanmoins n'a rien de plus touchant, dans son conseil des Dieux, que la réponse de l'intercession du Messie. Les anciens, qui avaient divinisé tous les vices et toutes les vertus, avaient oublié de diviniser la bonté.

Virgile termine le conseil de l'Olympe par ces vers admirables :

Stygii per flumina fratris,
Per pice torrentes atráque voragine ripas,
Annuit; et totum nutu tremefecit Olympum.

Si le mouvement de Milton est moins rapide, ses tableaux ont quelque chose de plus solennel. C'est-là que le poète est ébloui de ce qu'il fait voir, et étonné de ce qu'il raconte : aussi interrompt-il tout à coup sa narration, pour mêler sa voix au concert des Séraphins ; il ne peut plus que s'incliner devant tant de grandeur : il ne lui reste plus de facultés que pour adorer.

Le Ciel chrétien a plus de majesté que l'Olympe fabuleux, mais il se prête moins, peut-être, aux détails animés de la poésie épique. Le Dieu de vérité a quelque chose de la sévérité du Destin auquel croyaient les anciens, mais qu'ils n'ont jamais introduit dans l'épopée. Les alternatives de la joie et de la douleur, de l'espérance et de la crainte, sont inconnues dans le lieu qu'il remplit de sa présence. Les vicissitudes de la Fortune sont la vie des narrations épiques, et tout est soumis dans le Ciel aux règles immuables de la volonté de Dieu. Quelle passion oserait se montrer; quel événement pourrait fixer l'attention; quel intérêt serait senti, devant celui qui créa d'un mot l'univers, et qui, pour nous servir d'une expression de Milton, *étend sa main solitaire au-delà des limites des mondes?* Ce compas d'or qu'Homère met entre les mains de Jupiter, et qui présente une image sublime, ne paraît plus qu'une invention mesquine, lorsque Milton le place entre les mains de l'Éternel.

A l'aspect de ce Dieu puissant, l'âme est saisie d'un saint respect, l'imagination de l'homme ne peut l'atteindre. Mais si le Ciel chrétien n'inspire pas toujours la Muse épique, la lyre sacrée lui doit ses accents les plus harmonieux; les prophètes ont chanté la grandeur de Dieu, et c'est Dieu lui-même qui a dicté leurs cantiques. Le Ciel des chrétiens a seul inspiré aux poètes des hymnes dignes de la divinité qui l'habite, et les paraphrases que fait Milton des poésies sacrées sont peut-être les plus beaux morceaux de son poème.

Quand la Muse du poète redescend sur la terre, c'est alors que la religion lui prête toutes ses émotions saintes, et que l'épopée réunit tous les genres d'intérêt. C'est-là que les passions reprennent leur empire, et qu'elles donnent à la poésie ce charme qui la fait aimer des hommes. La crainte est inconnue dans le Ciel, l'espérance est bannie de l'Enfer; toutes les vicissitudes du sort vont se montrer sur la terre, qui se trouve placée entre le bien et le mal, entre le crime et la vertu, entre la domination de l'Enfer et l'empire du Ciel. Cette terre, vierge encore, vient de naître à la voix du créateur; Éden est revêtu de toutes les beautés du printemps; il brille de tous les charmes de l'innocence, de toutes les grâces de la jeunesse; ses heureux habitants se réveillent à la vie, et rendent hommage à l'être qui les a créés; ils s'entretiennent avec les envoyés de Dieu; les habitans de l'Enfer ont juré leur perte, les habitants du Ciel veillent à leur défense : jamais scène plus intéressante ne s'ouvrit devant les regards humains.

Rien n'est plus touchant que les récits des

deux époux qui racontent les premières impressions de la vie. Ève était endormie sur les fleurs; elle s'éveille; elle voit son image dans une onde transparente; elle tressaille de surprise et de joie; elle croit voir un être semblable à elle. Le fond de ce tableau est imité de la fable de Narcisse; mais combien cette fiction est plus naturelle dans Milton que dans Ovide! Il n'est pas vraisemblable que Narcisse tombe dans une pareille erreur, lui qui, au rapport du poète latin, s'était moqué des nymphes des fleuves et des collines; il est moins vraisemblable encore qu'il persiste dans cette illusion, et qu'il meure d'amour pour son image. Ève est trompée; mais elle n'a encore rien vu, et son erreur ne se prolonge qu'autant qu'il faut pour montrer son aimable naïveté. Elle est bientôt détrompée par une voix inconnue, et conduite auprès de notre premier père. Adam raconte sa naissance à Raphaël: il se réveille pour la première fois; il ne sait d'où il vient, dans quel lieu il est; il porte ses regards vers le firmament; il s'adresse à tous les êtres qui l'environnent; il leur demande quelle est la puissance qui l'a créé. Ces tableaux, pris séparément, sont dignes du pinceau de l'Albane ou de Michel-Ange; et comparés, ils indiquent, de la manière la plus vraie et la plus naturelle, le caractère des deux époux. Le premier a plus de douceur, le second a plus de force et de noblesse; Ève éprouve les sentiments de son sexe, Adam a des idées plus mâles; Ève est attirée par l'onde qui murmure, Adam fixe l'éclat du firmament; la femme cherche son image, l'homme élève sa pensée vers un Dieu. Les adieux d'Adam et d'Ève au Paradis terrestre, dans le onzième livre, sont marqués par la même différence : la mère des humains, en quittant le bocage d'Éden, regrette le lit nuptial et les fleurs qu'elle a cultivées; Adam regrette la présence de Dieu.

Qui a pu dévoiler à Milton le secret des amours d'Éden? Ni les âges présents, ni les âges passés ne nous en offrent aucun modèle; toutes ses couleurs devaient être empruntées du monde idéal, et la poésie a fidèlement retracé ce que les yeux n'ont point vu, ce que l'oreille n'a point entendu. On a dit que les amours d'Énée et de Didon étaient un ouvrage à part dans l'antiquité; les amours d'Adam et d'Ève ne ressemblent à rien de ce que nous ont laissé les anciens, et de ce qu'ont fait les modernes : cependant la peinture en est si vraie, qu'on serait tenté de croire que le poëte en a été le témoin ; ses descriptions ont tant de vérité, qu'on pourrait prendre le quatrième livre de son poëme pour la *flore* du Paradis. L'idée de l'innocence du monde, de la jeunesse de l'univers, se mêle sans cesse dans ses tableaux, à l'idée des premiers amours du genre humain. Il semble que l'esprit du lecteur s'épure à la lecture de ce quatrième livre, et qu'il ait quelque chose de cette pudeur, de cette ingénuité toutes célestes qui empêchaient Adam et Ève de voir leur nudité.

La rage et les menaces de Satan font admirablement ressortir ce tableau de l'amour innocent. Les hommes ne font pas grand cas d'un bonheur qu'on ne craint pas de perdre. Les piéges de Satan semblent multiplier les charmes d'Éden ; les tendres alarmes qu'on éprouve ajoutent quelque chose aux délices de ce séjour enchanté. La plupart des métamorphoses de Satan sont triviales, mais ses discours sont toujours animés de la passion la plus éloquente. L'opposition qui se trouve entre ses actions et ses discours marque très-bien les disparates et les extrêmes de l'orgueil, qui tour-à-tour profère les plus hautes maximes, et descend aux plus honteuses bassesses. Ce fier monarque des Enfers, qui a triomphé du Chaos, n'est plus dans Éden qu'un vil espion. On pourrait croire que les moyens qu'il emploie sont indignes de la poésie épique : la ruse est essentiellement contraire au caractère d'héroïsme qui seul doit trouver place dans l'épopée. Ce caractère, donné à Satan, prouve d'abord qu'il n'est point, comme on l'a dit, le héros du *Paradis perdu* : il justifie aux yeux du lecteur le caractère et la défaite de nos premiers parents; ils ne font que céder à la ruse : il est moins honteux, au jugement des hommes, d'être vaincu par l'artifice que de céder au courage et à la valeur.

Quelques critiques ont reproché à Adam de ne point agir : il n'est point étonnant qu'il n'agisse pas contre des piéges qu'il ne peut voir; la marque du vrai courage est de se confier à sa propre force, et de ne point soupçonner la ruse, qui est le honteux apanage de la faiblesse. Adam n'est point d'ailleurs le héros du *Paradis perdu*, parce qu'il doit agir, mais parce qu'il est le centre de la création, et que tous les intérêts sont liés à sa destinée.

Addison n'a pas montré son jugement ordinaire, lorsqu'il dit qu'il ne faut point chercher de héros dans le *Paradis perdu :* il ajoute que si on en veut trouver un, il se présente naturellement dans la personne du Messie. C'est d'abord une très-grande erreur de croire que l'épopée puisse se passer d'un héros : l'unité est essentiellement nécessaire à la marche du poëme épique; et cette unité est perdue, si le poète ne met sur la scène un personnage auquel tous les intérêts viennent aboutir. Ce personnage principal ne peut point être le Messie dans le *Paradis perdu :* le héros d'un poème doit être sujet à la bonne et à la mauvaise fortune, et cette alternative répugne à l'idée d'un dieu. On a reproché à Milton d'avoir traité un sujet merveilleux : ce défaut deviendrait beaucoup plus grave, si l'opinion d'Addison était fondée; mais telle n'a point été la pensée de Milton. Le Messie ne paraît, dans le *Paradis perdu,* que comme Junon et Vénus paraissent dans l'*Iliade* et dans l'*Enéide;* Adam en est le héros; c'est à lui que se rapportent tous les événements du poème; c'est contre lui que l'Enfer est armé; c'est sur lui que les regards du Ciel sont fixés; c'est pour lui enfin que le lecteur espère et craint le dénouement.

On ne peut s'empêcher d'admirer ici la manière dont Milton a tiré parti de son sujet; il avait d'abord fait une tragédie de la chute d'Adam. Il a conservé les formes dramatiques dans les principales parties de son poème. Le neuvième livre est un drame complet; le lieu de la scène est présent au lecteur; les personnages principaux sont Satan, Adam et Ève. Satan est représenté, d'après l'Écriture, comme un être plein de malice; Adam, comme l'observe M. de Châteaubriand, est noble, majestueux, et tout à la fois plein d'innocence et de génie; il est tel que le peignent les livres saints, digne d'être respecté par les Anges, et de se promener dans la solitude avec son créateur. Plein de confiance dans sa force, plein de tendresse pour sa compagne, il peut être trompé par la ruse, il peut être égaré par l'amour. Eve est sensible et légère; on craint qu'elle ne cède au langage d'une fausse amitié: son cœur, accessible à la louange, peut être aveuglé par l'amour-propre. Milton, dit l'auteur du *Génie du Christianisme*, l'a représentée irrésistible par les charmes, mais un peu indiscrète et amante de paroles, afin qu'on prévît le malheur où ce défaut va l'entraîner.

Les caractères des personnages sont parfaitement connus. Adam et Raphaël s'entretiennent des devoirs de l'homme et des piéges de Satan. L'Ange recommande à notre premier père de ne point permettre à sa compagne de s'éloigner de lui. L'entretien est entendu par Satan; la scène s'ouvre, et l'exposition du drame fixe déjà l'attention du spectateur. Eve est blessée des défiances d'Adam; elle veut s'éloigner de son guide fidèle; Adam craint d'affliger sa compagne; il lui permet de marcher seule dans la solitude d'Éden : dès-lors, le lecteur est saisi d'une tendre inquiétude pour le sort des deux époux. C'est là qu'est placé le nœud de l'action dramatique. Bientôt Satan rencontre Eve sans défense, et nonchalamment occupée à soutenir les tiges des fleurs. A cette rencontre, le spectateur sent redoubler ses alarmes. Satan s'approche d'un air soumis et plein d'une trompeuse douceur, il loue les attraits et la beauté de sa victime; Eve est surprise et touchée de ce langage; ils agissent tous deux selon leur caractère, et l'intérêt va toujours croissant. Satan fait l'éloge d'un fruit miraculeux; la curiosité d'Eve s'éveille à ce récit; sa vanité rêve déjà un bon-

heur céleste. Tous deux marchent ensemble
vers l'arbre fatal; mais la mère du genre humain
a reconnu le fruit défendu, ce qui forme
un nouvel obstacle au triomphe de l'esprit infernal.
Le spectateur espère qu'elle ne succombera
point. Mais Satan trouve de nouvelles
ressources dans son éloquence; Eve chancelle
et succombe, entraînée par l'espoir de devenir
semblable aux habitants du Ciel. Cette scène
entre Eve et Satan est conduite avec un art
admirable. La scène entre Adam et Eve est
également pleine d'intérêt. La mère du genre
humain hésite un moment si elle fera partager
son bonheur à son époux, et si elle conservera
l'empire que le serpent lui a promis.
Mais si, au lieu de l'immortalité, elle n'avait
trouvé que la mort, une autre Eve viendrait
consoler Adam. Cette idée, si heureusement
prise dans la nature, la ramène à son époux.
Adam tremble à l'aspect de la pomme fatale;
il gémit sur le sort de son épouse; et il lui
cède, bien moins dans l'idée de partager sa
faute, que dans celle de partager son malheur;
il y a dans sa chute une sorte d'héroïsme
qui l'excuse aux yeux des lecteurs les plus
sévères. Eve avait été séduite par l'amour

propre, Adam s'immole à l'amour et à l'amitié malheureuse.

Plusieurs commentateurs ont cru que l'action du *Paradis perdu* se terminait à cette dernière scène. Il est évident que si le poème était fini au neuvième livre, Satan, comme l'a pensé Dryden, en serait véritablement le héros, car il est venu à bout de ses desseins, et la faute d'Adam reste tout entière. Mais le poète ne s'est pas seulement proposé de chanter la désobéissance d'Adam, il promet encore, dans le début de son poème, de montrer, au milieu des triomphes de la Mort et du Péché, la perspective consolante de la rédemption. La faiblesse humaine se trouve naturellement liée à l'idée de la miséricorde divine; le repentir est une suite immédiate de la faute d'Adam; la prière qui s'élève vers les portiques éternels, va parler dans les cieux de la misère dans laquelle le genre humain est tombé; Dieu se laisse fléchir; Satan doit être puni; l'homme sera consolé; il n'y a là qu'une seule action, et cette action embrasse jusqu'aux événements qui ne sont pas encore. L'espérance de la rédemption entre nécessairement dans le dénouement du *Paradis perdu*;

l'avenir est en quelque sorte présent dans ce poëme, comme il l'est dans la pensée de Dieu.

Il serait impossible de retrancher les trois derniers chants du *Paradis perdu*, sans lui ôter un grand intérêt. Les malheurs attachés à la faute d'Adam semblent achever la peinture de l'innocence et du bonheur qu'il a perdus ; tout cela est conforme à la nature humaine. Nous apprécions peut-être mieux les délices d'Éden dans les adieux d'Adam et d'Ève, que dans les tableaux riants du quatrième livre ; le regret vaut mieux que la jouissance, et souvent la douleur vient nous révéler le secret de la joie.

Il est vrai que les derniers livres du *Paradis perdu* sont plus négligés que ceux qui précèdent. Milton avait à retracer les suites du péché et les annales du genre humain ; il semble dédaigner de marcher dans un sentier connu : habile à peindre ce que personne n'a jamais vu, sa Muse languit dans un sujet que son imagination n'a point créé. Non-seulement il ne profite pas de toute la richesse de son sujet, mais il emploie souvent des images triviales et dégoûtantes : l'idée de la Mort qui respire l'odeur des cadavres qui ne sont pas encore, n'est pas moins contraire aux règles du goût qu'à celles de la vraisemblance. Le tableau des âges futurs remplit les deux derniers chants ; les visions de l'Ange et d'Adam sont beaucoup trop longues. Au sixième et au huitième livres de l'*Énéide*, Virgile fait prédire à Énée les destinées de sa race, mais il se garde bien d'y consacrer deux livres entiers. Au lieu d'imiter la sage retenue de Virgile, le poète anglais a voulu imiter Dubartas, qu'il avait sans doute sous les yeux lorsqu'il a fini le *Paradis perdu*. L'auteur de *la Semaine*, après la chute d'Adam, fait sortir les Furies de l'Enfer ; elles arrivent, comme dans Milton, avec toutes les maladies et tous les fléaux de l'humanité. Dans un chant de son poème, intitulé les *Artifices*, Dubartas suppose un entretien entre Seth et Adam : Seth veut connaître les destinées du monde ; Adam, animé d'un esprit prophétique, annonce à son fils tout ce qui doit arriver sur la terre jusqu'à la fin des siècles. Milton pouvait prendre à Dubartas cette fiction qui n'est pas sans mérite, mais il n'aurait pas dû imiter le poète français dans ses détails.

L'auteur du *Paradis perdu* avait moins de

jugement que de génie. Son poëme renferme les plus grandes beautés, mais on y trouve aussi de grands défauts. Il nous semble qu'on ne peut mieux le caractériser, qu'en le comparant au héros qu'il a chanté, à l'homme, qui est l'image de Dieu, et qui est en même temps un abîme de misères. On trouve dans le *Paradis perdu* les contrastes et les extrêmes de la nature humaine. Après avoir effrayé le lecteur par la peinture de l'Enfer, Milton descend des hauteurs de son sujet, et représente les Démons se réunissant en un point imperceptible : cette image a le double inconvénient d'être bizarre et d'être inutile au développement de l'action. Le Chaos est peint avec tout son désordre dans le troisième livre, et le dernier trait du tableau semble contredire tout le reste. Le poëte représente les éléments marchant tous à leur place, et obéissant à leurs chefs : l'ordre qui règne dans une armée ne pouvait donner qu'une fausse idée de la confusion des atomes. La métamorphose de Satan en crapaud ne peut être justifiée ; on ne peut non plus justifier Milton d'avoir fait dire à l'Éternel, parlant de la Mort et du Péché, *ces chiens de l'Enfer*. Dans le cinquième livre, Gabriel vient dans le Paradis terrestre à la tête des milices célestes; tout à coup ces milices disparaissent, et tout le Ciel semble s'être endormi, tandis que Satan veille pour la perte des favoris de Dieu. Dans les derniers livres du poème, les chefs de l'Enfer s'assemblent pour la seconde fois, et se partagent en deux corps : l'un moins nombreux et composé de fiers Séraphins, paraît être désigné par le poète pour figurer *la chambre des Lords*; l'autre semble n'être placé là que pour représenter *la chambre des Communes*. Les personnages du *Paradis perdu* n'agissent pas toujours d'une manière convenable; on pourrait surtout les accuser quelquefois de perdre leur temps en vaines paroles; la moitié du poème est en discours, et ces discours nuisent à l'intérêt. Milton a le plus grand talent pour décrire; mais son goût pour les tableaux l'entraîne trop loin; il lui arrive souvent de n'inventer une situation nouvelle, que pour se livrer à son penchant pour les descriptions. Le Pandémonium, dans le premier livre, est un incident inutile, puisque les Démons viennent de délibérer en plein air, et qu'ils ne s'en servent qu'une seule fois : Milton ne fait bâtir ce monument, que pour se donner le plaisir de le décrire. On peut dire la même chose de ce fameux pont bâti sur le Chaos, dont le poème pouvait se passer, et qui n'est là que pour être le sujet d'une description. Les tableaux du *Paradis perdu* ont quelquefois de la confusion; les plus grands objets s'y trouvent mêlés aux plus petits détails. Ce défaut est surtout remarquable dans le septième livre, où Milton décrit les scènes sublimes de la création. Après avoir parlé de la marche pompeuse des astres, le poète parle trop longuement du coq, du paon, de la fourmi et des plus petits insectes. Ce manque de goût, ce défaut de convenance est commun à la plupart des poètes descriptifs.

Le style de Milton est presque toujours noble et élevé, mais il a quelquefois cette affectation qu'on reproche aux poètes italiens. Dans une description du ciel, il parle de *la danse étoilée des astres; starry-dance*. Dans un tableau du matin, le zéphyr est appelé l'éventail de l'Aurore, *Aurora-fan*. Au premier livre, il parle des Démons qui font une large blessure à une montagne, et qui lui enlèvent des côtes d'or :

Soon had his crew
Open'd into the hill a spacious wound,
And digg'd out ribs of gold.

Il nous reste un mot à dire des comparaisons de Milton. Elles n'ont ni les détails gracieux et pittoresques de celles de Virgile, ni la précision et l'élégance ingénieuse de celles des modernes. Les anciens et les modernes n'emploient de comparaison que pour développer ou agrandir une idée. Les comparaisons ne remplissent pas toujours cet objet dans le *Paradis perdu*. Le poète traite un sujet merveilleux ; toutes ses inventions tiennent d'un monde idéal ; elles sont presque toujours gigantesques ; ses points de comparaison au contraire sont pris dans le monde réel et parmi les choses que nous connaissons ; ses fictions sont extraordinaires et ses similitudes ne le sont point ; elles accusent quelquefois l'invraisemblance de ses récits. Virgile, dans le douzième livre de l'*Énéide*, compare son héros sur le champ de bataille au mont Athos ; cette comparaison agrandit Énée aux yeux du lecteur ; Milton compare Satan tombant sous les coups de Michel, à un roc foudroyé ; cette image, toute grande qu'elle est, affaiblit l'idée que le poète a donnée de ces guerriers célestes,

> Dont un seul, saisissant tous ces globes divers,
> D'un seul coup aurait pu les lancer dans les airs.

Les comparaisons de Milton ont un autre défaut. La plupart sont tirées de la mythologie ; ce qui rappelle des idées étrangères et contraires à la nature du sujet que le poète se propose de traiter : d'autres sont tirées de l'histoire et des sciences ; elles donnent aux tableaux de Milton un ton de pédanterie qui fatigue l'attention au lieu de la distraire. Le style de Milton est en général chargé de mots techniques, qui, dans toutes les langues, doivent être bannis de la poésie : il semble avoir l'ambition de paraître savant, bien plus que l'envie de se montrer poète. Un littérateur anglais a cru louer Milton, en disant que son poème était une encyclopédie ; on ne pouvait, à notre avis, en faire une critique plus sévère. Au reste, nous avons cru devoir particulièrement insister sur les défauts de Milton, par la raison qu'ils ont en grande partie disparu dans la traduction de Delille. Nous avons moins parlé des beautés ; les remarques d'Addison et les vers du nouveau traducteur les font assez connaître.

On nous a demandé plusieurs fois pourquoi Delille n'avait pas donné la préférence à la *Jérusalem délivrée*. Le Tasse a souvent le mêmes défauts que Milton. Des princes chrétiens changés en poissons, un perroquet chantant des chansons de sa composition, sont des inventions aussi bizarres que celles qu'on a reprochées à l'auteur du *Paradis perdu*; Milton n'a rien de plus ridicule que Clorinde enfoncée dans un arbre de la forêt, et blessée par la hache de Tancrède. Si le poète anglais a prodigué les monstres et les fantômes dans ses récits, le poète italien a beaucoup trop prodigué les enchanteurs et les sorciers. Tous les deux d'ailleurs rachètent ces défauts par des beautés qui leur sont propres. Le Tasse nous charme par la variété de ses caractères; Milton, par la vérité et quelquefois la singularité de ses peintures : les images du second ont plus de majesté, celles du premier ont plus de grâce : l'un est doué d'un génie plus mâle et plus hardi; l'autre a un génie plus souple, un coloris plus élégant; l'un d'une imagination riante, l'autre d'un esprit triste et sombre : ils ont tous deux quelque chose du climat de leur patrie. Homère et Virgile ont formé le Tasse; Milton s'est créé lui seul : les plus beaux morceaux de la *Jérusalem délivrée* sont des imitations de l'*Iliade* et de l'*Enéide*; le

poète anglais a quelquefois imité les anciens ;
et ces imitations sont les endroits les plus faibles du *Paradis perdu.* La *Jérusalem délivrée*,
où l'on trouve plus d'art que de génie, plus
de conduite que d'invention, plus d'élégance
que de grandeur, semble plus destinée à amuser l'esprit ; le *Paradis perdu*, qui est toujours
plus près du merveilleux que du vrai, du sublime que du gracieux, est plus propre à faire
naître la surprise, et à entretenir l'admiration.
Dans l'ouvrage italien, l'action est beaucoup
mieux suivie, et le dénouement mieux amené ;
le poème anglais, presque dépourvu d'action,
est beaucoup plus riche en tableaux. Le Tasse
donne plus au récit ; Milton donne plus à la
poésie et à l'éloquence. La *Jérusalem délivrée*
peut être traduite en prose, sans rien perdre
de son intérêt ; le *Paradis perdu* doit être traduit en vers, pour conserver toutes ses beautés.

La traduction qu'en a faite Delille a éprouvé
le sort de ses autres ouvrages ; elle a été beaucoup louée par les uns, et critiquée par les
autres avec acharnement : on a traité de même
sa traduction des *Géorgiques*. Lorsque cet ouvrage parut, il fut en butte à la censure la
plus sévère ; on le déféra au tribunal du public.

comme une copie infidèle, comme un ouvrage où le génie de Virgile était défiguré et méconnaissable : le public en a jugé autrement ; les critiques, quoique faites par des littérateurs très-distingués, sont tombés dans l'oubli, et l'ouvrage est aujourd'hui placé au rang de nos chefs-d'œuvre. La traduction de l'*Enéide* n'a pas été plus épargnée à son apparition ; il est probable que les nouvelles critiques seront oubliées à leur tour, et que ce dernier ouvrage prendra, à côté du premier, le rang qui lui appartient.

Ceux mêmes qui avaient critiqué la traduction des *Géorgiques*, se sont mis à la louer avec exagération lors de la publication de l'*Enéide* française. C'est une tactique toujours sûre que d'opposer un homme à lui-même, et de faire valoir un ouvrage pour en décrier un autre. On louera sans doute aussi l'*Enéide*, pour appuyer la critique du *Paradis perdu*.

Les critiques n'ont pas assez senti les difficultés qui se rencontraient dans la traduction de l'*Enéide* ; plus un écrivain est parfait, plus il est dans le génie de sa propre langue, et plus il est difficile de le faire passer dans une langue étrangère : Sénèque et Lucain sont plus faciles à traduire que Cicéron et Virgile. La chose la plus difficile à rendre dans une traduction, c'est le charme du style; c'est la beauté qui naît du choix et de l'arrangement des mots. Ceux qui connaissent le génie de la langue latine et de la langue française, sont beaucoup moins exigeants sur ce point que sur tous les autres. Les langues sont pour les poètes ce que sont les instruments entre les mains des musiciens : exiger qu'on rende l'harmonie des mots latins avec des mots français, c'est vouloir que la lyre rende le même son que le violon ou l'harmonica. Delille a rendu avec exactitude les images de l'*Enéide* latine, et ses vers ont presque toujours l'harmonie dont notre langue est susceptible. La critique impartiale y a trouvé des incorrections et des négligences; le traducteur ne se les est point dissimulées : mais des beautés de premier ordre peuvent racheter de légers défauts. Les difficultés de cette entreprise avaient effrayé les hommes de génie du siècle de Louis XIV; Delille a tenté de les vaincre; il a souvent réussi : et si, dans les arts, on tient quelque compte du mérite de la difficulté vaincue, la traduction de l'*Enéide* n'est pas une produc-

4.

tion moins recommandable que celle des *Géorgiques*. La première a peut-être plus de correction, la dernière a plus de mouvement; si l'une a plus de précision, l'autre a plus de fidélité : elles ont chacune le mérite qui leur est propre; mais l'une a déjà recueilli les suffrages de deux générations, l'autre ne fait que paraître au grand jour. Lorsqu'un ouvrage est publié, il est souvent critiqué sans mesure; lorsqu'il a échappé au temps et à la critique, il est loué sans restriction : au premier moment on n'y cherche que des fautes; lorsqu'il est une fois consacré, on n'y cherche plus que des beautés.

La traduction du *Paradis perdu* n'offrait pas les mêmes difficultés que celles de l'*Énéide* et des *Géorgiques :* les langues modernes ont entre elles une sorte d'analogie ; elles peuvent plus facilement s'interpréter les unes par les autres : aussi Delille s'est livré davantage à son propre génie, et le poète se montre peut-être plus souvent que le traducteur. On trouvera sans doute encore, dans cette traduction, quelques répétitions de mots, des incorrections, des négligences; ce qui prouverait tout au plus que l'ouvrage n'est point parfait, et non pas qu'il est indigne des suffrages du public. Nous avons vu souvent Delille applaudir à la critique de ses ouvrages : il était beaucoup plus sévère que les censeurs eux-mêmes. Mais quelques écrivains l'ont blâmé avec animosité; ils ont oublié que le poëte français était aveugle comme Homère et Milton; ils lui ont reproché des fautes qui tiennent à cette ressemblance malheureuse; et l'amertume avec laquelle on les a relevées, a dû affliger les amis de l'humanité, autant que les amis des lettres.

Il se présente ici une réflexion douloureuse : c'est que la censure ne s'exerce pas seulement sur le talent d'un écrivain; elle s'exerce indirectement sur ses opinions. Nous avons observé trop souvent que l'esprit de parti, lorsqu'il est comprimé dans la politique, se réfugie tout entier dans la critique littéraire (1). Delille, étranger à tous les partis et vivant dans la retraite la plus profonde, n'en a pas moins été en butte à la haine des factions. Des hommes qui n'ont pu être ses rivaux ont trouvé plus simple de se déclarer ses

(1) Ceci s'écrivait en 1805.

ennemis; plus malheureux que Milton, plus irréprochable que lui, il a peut-être plus le droit de se plaindre, et de dire à ses lecteurs :

Dans ces temps malheureux, dans ce siècle de haine,
J'irai, je charmerai la discorde inhumaine,
Ma triste cécité, les cris de mes rivaux,
Et le toit solitaire où se cachent mes maux.

Nous sommes loin cependant de désapprouver tous les critiques : plusieurs ont fait apercevoir, d'une manière aussi juste qu'impartiale, les défauts qu'ils ont trouvés dans le travail de Delille; mais ils en ont montré en même temps les beautés : leur jugement sera consacré par l'expérience, et le temps fera justice des critiques passionnées.

ARGUMENT.

Milton propose d'abord en peu de mots le sujet du poème, la désobéissance de l'Homme et sa punition. Il nomme ensuite l'auteur du péché, le serpent, ou plutôt Satan, qui, sous la forme du serpent, séduisit nos premiers parents, pour se venger de Dieu, dont la justice redoutable l'avait chassé du Ciel, en le précipitant dans l'abîme avec les compagnons de sa révolte. Après avoir passé légèrement sur cette action, le poète entre en matière, et présente Satan et ses Anges au milieu des Enfers, qu'il ne place point au centre du monde, puisque le Ciel et la Terre n'existaient point encore, mais dans les ténèbres extérieures, qui sont mieux connues sous le nom de *Chaos*. Ils y paraissent plongés dans l'étang de feu, évanouis et foudroyés. Le prince des ténèbres reprend ses esprits; et, revenu à lui-même, il adresse la parole à Belzébuth, le premier après lui en puissance et en dignité; ils confèrent ensemble sur leur chute malheureuse. Satan réveille ses légions; elles s'élèvent hors des flammes. On voit leur nombre prodigieux, leur ordre de bataille et leurs principaux chefs, sous les noms des idoles connues par la suite en Chanaan et dans les pays voisins. Le prince des Démons les harangue et les console par l'espérance de regagner le Ciel ; il leur parle aussi d'un nouveau monde et d'une nouvelle créature qui devait un jour exister ; car plusieurs Pères croient que les Anges ont été créés long-temps avant ce monde visible. Il propose d'examiner, en plein conseil, le sens d'une prophétie sur la création, et de déterminer ce qu'ils peuvent tenter en conséquence. Ses associés y consentent, et construisent en un moment Pandémonie, palais de Satan. Les puissances infernales s'y assemblent pour délibérer.

PARADIS PERDU,
POÈME.

LIVRE PREMIER.

Le premier attentat commis par les humains,
Le fruit mortel cueilli par leurs coupables mains,
Tous les maux punissant ce crime héréditaire,
Jusqu'au jour où, du Ciel victime volontaire,
L'Homme-Dieu, par son sang, rachète l'univers;
Muse, voilà quel est le sujet de mes vers :
Sujet vaste et sacré, dont jamais le génie
N'enchanta les bosquets des nymphes d'Aonie.
  Toi donc qui, célébrant les merveilles des Cieux,
Prends loin de l'Hélicon un vol audacieux,
Soit que, te retenant sous ses palmiers antiques,
Sion avec plaisir répète tes cantiques,
Soit que, cherchant d'Horeb la tranquille hauteur,
Tu rappelles ce jour où la voix d'un pasteur,
Des Hébreux attentifs ravissant les oreilles,
De la création leur contait les merveilles;
Soit que, chantant le jour où Dieu donna sa loi,
Le Sina sous tes pieds tressaille encor d'effroi;
Soit que, près du saint lieu d'où partent ses oracles,
Les flots du Siloé te disent ses miracles;

Muse sainte, soutiens mon vol présomptueux !
Jamais sujet plus grand et plus majestueux
Des poètes divins n'échauffa le délire :
Viens, sous l'archet sacré déjà frémit ma lyre.
Et toi, toi qui, planant sur le sombre Chaos,
Où dormaient confondus l'air, la terre et les flots,
Couvais, par la chaleur de ton aile féconde,
La vie encore informe et les germes du monde,
Esprit saint ! remplis-moi de ton souffle puissant ;
Et si ton plus beau temple est un cœur innocent,
Viens épurer le mien, viens aider ma faiblesse ;
Fais que de mon sujet j'égale la noblesse,
Et que mon vers brûlant, animé de ton feu,
Venge aux yeux des mortels la justice de Dieu !

Mais d'abord apprends-moi, puisque ton œil embrasse
Et les Cieux et l'Enfer, et le temps, et l'espace,
Pourquoi, quand tous les biens, hormis le fruit mortel,
Appartenaient sans borne au favori du Ciel,
L'Homme, rebelle aux lois du Dieu qui le fit naître,
Tomba du rang auguste où le plaça son maître ;
Quel pouvoir séduisit cette jeune beauté,
Qui transmit ses malheurs à sa postérité.
Ce fut l'affreux Satan : l'orgueil qui le dévore
De ses fameux revers se ressouvient encore,
Quand, jaloux du pouvoir, cet Ange ambitieux
Prétendit s'égaler au monarque des Cieux.
Vain espoir ! dans sa vaste et brûlante déroute,
Lancé, le corps en feu, de la céleste voûte,

L'Éternel l'envoya, lui, tous ses bataillons,
Tomber, s'ensevelir dans un gouffre sans fonds,
Séjour des feux vengeurs, épouvantable abîme,
Où les peines sans fin se mesurent au crime,
Et tiennent accablé sous cent chaînes d'airain
L'insensé qui brava le pouvoir souverain.
Jeté du haut des airs en ces cachots funèbres,
Durant neuf fois le temps où règnent les ténèbres,
Durant neuf fois le temps qui mesure le jour,
Dans la profonde horreur de son nouveau séjour,
Au milieu de sa noire et hideuse phalange,
Resta, muet d'effroi, l'audacieux Archange ;
Malheureux, il roulait dans ce gouffre éternel,
Foudroyé mais vivant, souffrant mais immortel :
Conservé pour subir la céleste justice,
Le refus de la mort est son plus grand supplice.
De ses maux à venir, de ses biens d'autrefois
Il sent peser sur lui l'insupportable poids ;
Il se soulève enfin, et de l'abîme immense,
Jette un coup d'œil sinistre où sont peints la vengeance,
L'effroi, le désespoir sur lui-même acharné,
Et la haine inflexible, et l'orgueil obstiné ;
De regrets sans remords indomptable victime,
Expiant à la fois et méditant le crime.
D'aussi loin que d'un Ange aperçoivent les yeux,
Il regarde, il parcourt cet océan de feux
Qui, brûlant tristement sous ces voûtes funèbres,
Sans répandre le jour, laissent voir les ténèbres ;

Il ne découvre au loin que de brûlants tombeaux,
Que des champs de douleurs, des régions de maux,
Du deuil, de la souffrance inconsolable asile ;
L'espoir, présent partout, à jamais s'en exile ;
Partout règnent l'effroi, l'horreur, l'obscurité,
Et des méchants punis l'affreuse éternité.
Point de trêve aux tourments ; un torrent de bitume
Sans cesse alimenté, sans cesse se rallume.
Séjour bien différent des délices du Ciel !

    Ce spectacle a frappé l'Archange criminel ;
Il voit ses compagnons, il entend sur leurs têtes
Gronder des feux roulants les brûlantes tempêtes.
Soudain il aperçoit, étendu près de lui,
Un Ange, son complice et son plus ferme appui.
Son nom est Belzébuth ; ce guerrier redoutable,
Après lui le plus grand comme le plus coupable ;
Il le fixe long-temps dans un morne repos,
Rompt son affreux silence, et commence en ces mots :

    « Est-ce toi, Belzébuth, est-ce toi ? Mais que dis-je ?
» De ta grandeur première où trouver un vestige ?
» Qu'est devenu l'éclat de ce front radieux
» Dont la gloire éclipsait les chœurs brillants des Cieux ?
» Si c'est toi qui jadis, dans cette horrible guerre
» Que livra notre audace au maître du tonnerre,
» Partageais de mon cœur les fiers ressentiments,
» Mon égal en pouvoir, mon égal en tourments,
» De quel comble de gloire, en quel gouffre effroyable
» Nous a précipités ce maître impitoyable !

» Que son foudre vengeur fut terrible pour nous !
» Eh ! qui pouvait prévoir les traits de son courroux ?
» Mais le coup qu'il porta, celui qui nous menace,
» Ne peut au repentir abaisser mon audace :
» Si mes traits sont changés, mon âme ne l'est pas ;
» Il connaîtra ce cœur, il connaîtra ce bras
» Qui, lassé d'une vile et lâche obéissance,
» Disputa l'Empyrée à sa toute-puissance,
» L'attaqua dans sa gloire, et rangea sous ma loi
» Tous ces fiers Chérubins conjurés contre moi :
» Ne les a-t-il pas vus, unis sous mon enseigne,
» Me choisir pour leur maître, insulter à son règne,
» Opposer à ses feux leurs brûlants tourbillons,
» Contre ses bataillons armer leurs bataillons,
» Répondre à son tonnerre, et vaincus avec gloire,
» Dans un combat douteux balancer la victoire ?
» En vain le sort a fait triompher son pouvoir :
» Le combat est perdu, mais non pas notre espoir.
» Il vit encore en moi, cet espoir indomptable ;
» J'ai pour moi ma fureur, ma haine insurmontable.
» Ni danger, ni revers ne peut me l'arracher ;
» Au sein de son triomphe elle ira le chercher.
» Qui plîrait le genoux, qui courberait sa tête
» Devant cet ennemi qui, fier de sa conquête,
» Naguère devant ceux qu'il nomme ses sujets
» A tremblé sur son trône et douté du succès ?
» Loin de nous tant de honte et tant d'ignominie !
» D'un revers passager notre audace est punie :

» Mais un enfant des Cieux n'est point né pour mourir ;
» Il peut être vaincu, mais il ne peut périr.
» Imprudent ! il nous fit des âmes immortelles ;
» Eh bien ! livrons-lui donc des guerres éternelles.
» Eh ! comptes-tu pour rien les leçons du malheur ?
» Les revers n'ont-ils pas instruit notre valeur ?
» Profitons de nos maux : par force ou par adresse
» Attaquons le tyran, dont l'insolente ivresse
» Triomphe dans les Cieux, et, régnant sans rivaux,
» Foule aux pieds nos débris et jouit de nos maux ».
  La terreur dans le sein et l'orgueil dans la bouche,
Tel Satan exhalait son désespoir farouche.
  Belzébuth lui répond : « O chef de nos guerriers,
» Qui guidais, enflammais leurs courages altiers,
» Quand ces héros du Ciel firent, par leur vaillance,
» Entre eux et l'Éternel chanceler la balance,
» Et laissèrent douter si la loi du destin,
» La force ou le hazard, le fit leur souverain ;
» Qui verrait sans effroi leur chute épouvantable ?
» Chérubins, Séraphins, cette armée innombrable
» Qui fit trembler les Cieux, tout en un même jour
» Dans l'éternel abîme a péri sans retour,
» (Autant qu'ont pu périr des essences divines) :
» Notre âme échappa seule à ces vastes ruines :
» Nous vivons ; et bientôt oubliant leur langueur,
» Nos esprits indomptés reprendront leur vigueur.
» Mais ce Dieu tout-puissant... (car ce débris immense
» Me force enfin de croire à sa toute-puissance....)

» Et quel autre qu'un Dieu put triompher de nous ?
» Qu'importe que sa main adoucisse ses coups,
» Qu'il nous laisse assez forts pour traîner notre chaîne,
» Pour endurer son sceptre, et suffire à sa haine ?
» Peut-être il nous faudra, serviles instruments,
» Attiser ses brasiers, aider à nos tourments,
» Et soumis en vaincus, châtiés en rebelles,
» Exercer ou souffrir des peines éternelles ».

« Faibles guerriers, jadis l'honneur des Chérubins,
» Travailler ou souffrir, quels que soient nos destins !
» Il est dur, dit Satan, de sentir sa faiblesse.
» Que nous veut de ce Dieu la fureur vengeresse ?
» Je ne sais, mais crois-moi, désormais aucun bien
» N'est plus fait pour ton cœur, n'est plus fait pour le mien.
» Eh bien ! pour affliger ce monarque suprême,
» Aimons ce qu'il abhorre, abhorrons ce qu'il aime.
» Changer le mal en bien est le plaisir d'un Dieu ;
» Changer le bien en mal, voilà mon digne vœu.
» Remplissons nos destins ; du moins la résistance
» Pourra de ses desseins fatiguer la constance ;
» Et nos esprits pervers, combattant ses bontés,
» Mêleront quelque charme à nos calamités.
» Mais vois, notre vainqueur rappelle son armée ;
» Ces tourbillons brûlants, cette grêle enflammée,
» Ces tonnerres volant sur l'aile des éclairs,
» Ces torrents qui tantôt de la voûte des airs
» Poursuivaient notre chute en ces profonds abîmes,
» Du moins quelques instants épargnent leurs victimes ;

» Soit dédain du vainqueur, soit que sa main sur nous
» Ait épuisé ses traits et lassé son courroux.
» L'occasion nous rit, réparons notre perte.
» Vois cette plaine immense, inféconde et déserte,
» Lamentable séjour, lugubres régions
» Où tremblent dispersés quelques pâles rayons,
» De ces lacs enflammés lumière ténébreuse.
» Marchons là ; loin des flots de cette mer affreuse,
» D'un paisible repos cherchons-y les bienfaits,
» Si dans ces lieux cruels peut habiter la paix ;
» Là, des chefs rassemblés consultons la prudence ;
» Rallions nos guerriers, ranimons leur vaillance ;
» Cherchons tout ce qui peut désoler le vainqueur ;
» Rappelons le courage au fond de notre cœur ;
» Et si l'espoir ne vient rassurer nos alarmes,
» Le désespoir du moins nous fournira des armes ».

   Tel, de son compagnon dans les flammes plongé,
Satan aiguillonnait le cœur découragé.
Sur la vague brûlante il élève sa tête :
Ses regards sont l'éclair, et sa voix la tempête.
Sur la face des eaux, du superbe guerrier
S'avance et s'élargit l'immense bouclier ;
Vingt stades sont couverts de sa flottante masse.
Tels on peint des Titans la gigantesque race,
L'énorme Briarée, et ces vastes Typhons
Que Tarse renfermait dans ses antres profonds.
Telle de l'océan l'énorme souveraine,
Le géant de la mer, l'effrayante baleine,

De loin paraît une île aux yeux des matelots,
Quand le monstre assoupi sommeille sur les flots,
Reçoit l'ancre mordante en sa masse écaillée,
Tandis que, prolongeant sa terrible veillée,
Le pêcheur par ses vœux hâte le jour trop lent :
Tel s'étendait l'Archange ; et du gouffre brûlant
Il n'eût pu relever sa tête criminelle,
Si Dieu n'eût déchaîné son audace rebelle.
Dieu voulait qu'en forgeant les misères d'autrui,
Ses coupables projets retombassent sur lui.
Qu'il fît mieux éclater, pour croître son supplice,
Envers l'homme séduit sa bonté protectrice,
Et qu'un double forfait attirât sur son front
Les traits de sa colère et le sceau de l'affront.
Dans toute sa hauteur Satan se lève, avance,
Et laisse dans l'abîme une vallée immense.
Tandis qu'à ses côtés des brûlants tourbillons
Le flot grondant s'écarte et roule à gros bouillons,
Et que ses larges mains des flammes dévorantes
Rabaissent loin de lui les flèches pénétrantes ;
Ses deux ailes, soudain, s'étendant à la fois,
De son énorme corps ont soulevé le poids :
L'air étonné gémit sous sa charge nouvelle.
Son œil fixe de loin la rive qui l'appelle ;
Il part, vole, s'abat sur le terrain brûlant,
Si l'on peut nommer terre un sol étincelant,
Qui, sur les bords du lac où roule un feu liquide,
Dans ses champs calcinés présente un feu solide,

Semblable en sa couleur à ces monts déchirés
Dont la flamme et les vents ensemble conjurés,
A travers les débris de leurs voûtes croulantes,
Dispersent en éclats les entrailles fumantes;
Et ne laissent au fond qu'un sol bitumineux
Noirci par la fumée et brûlé par les feux :
Ainsi d'un rouge obscur tristement se colore
Un débris du Vésuve, un éclat du Pélore.

   Là s'arrête Satan ; son compagnon le suit.
Chacun, fier d'échapper au séjour de la nuit,
Aux flots tumultueux de ces vagues bouillantes,
Pense avoir reconquis ses forces défaillantes,
Triomphe sans victoire, et ne soupçonne pas
Que Dieu dans son courroux permet leurs attentats.

   En voyant ce désert, cette terre flétrie :
« Voilà donc, dit Satan, ma nouvelle patrie !
» Quel climat ! quel séjour ! C'est pour ces tristes lieux
» Que nous avons perdu la lumière des Cieux !
» Eh bien, je suis content ; j'accepte mon partage ;
» Puisque de l'oppresseur dont nos maux sont l'ouvrage,
» La force fait les droits : grâce à ces droits affreux,
» Heureux qui loin de lui sait être malheureux !
» Asservis par la force, égaux par la nature,
» Sachons ou supporter, ou venger notre injure.
» Adieu, champs de lumière ! adieu, séjour de paix !
» Et vous, d'un fils du Ciel effroyable palais,
» Salut, séjour d'effroi ! salut, terribles ombres !
» Noir Enfer, ouvrez-moi les gouffres les plus sombres:

LIVRE I. 57

» J'embrasse vos horreurs, lieux terribles! et toi,
» Empire ténébreux, accepte aussi ton roi!
» Eh! qu'importe une terre ou riante, ou maudite?
» Ce ne sont pas les lieux, c'est son cœur qu'on habite.
» Le cœur, de notre sort cet arbitre éternel,
» Fait du Ciel un Enfer, et de l'Enfer un Ciel.
» Me plonge encor plus bas ce monarque suprême;
» Tous les lieux sont égaux lorsque l'âme est la même.
» Viens, je t'apporte un cœur que rien ne peut changer,
» Ni les lieux, ni les temps, ni tourment, ni danger :
» Reçois un malheureux qui se résout à l'être,
» Qu'indigne le pardon, et que révolte un maître.
» Je suis libre ici-bas ; c'est assez : j'aime mieux
» Un trône dans l'Enfer que des fers dans les Cieux.
» Eh! qui peut m'envier l'horreur qui m'environne?
» Quel front pourrait tenter ma brûlante couronne?
» Ce Dieu de notre exil est lui-même trop fier :
» Qui nous ôta les Cieux doit nous laisser l'Enfer.
» Qu'il garde son pouvoir proclamé par la foudre,
» Qu'il règne; à le servir rien ne peut me résoudre ;
» Mes destins sont fixés : c'est en fait. Mais pourquoi
» Laisser là nos guerriers immobiles d'effroi?
» Qu'ils viennent. Consultons, délibérons ensemble;
» Que du tyran commun la haine les rassemble.
» Contre un bonheur barbare excitons leur malheur,
» Et décidons enfin ce que l'art, la valeur,
» Peuvent reconquérir sur ce Dieu que j'abhorre,
» Ou ce que dans l'Enfer nous pouvons perdre encore ».

« Chef de ces régions que rien n'a pu dompter,
» Dans tes nobles transports que j'aime à t'écouter !
» Répondit Belzébuth : ah ! si ta voix puissante,
» Qui cent fois, ranimant notre force expirante,
» Au fort de la mêlée, au milieu des assauts,
» Au poste de l'honneur ramena nos drapeaux,
» Était comme autrefois, aux champs de la victoire,
» Le signal du triomphe et le cri de la gloire,
» Crois-moi, tous ces guerriers, sortis de leur sommeil,
» Feraient payer bien cher leur terrible réveil ;
» Eux qui, sans mouvement, sur cette mer ardente
» Restent saisis d'horreur, et muets d'épouvante :
» Tant sont tombés de haut ces habitants des Cieux ! »
 A peine il a parlé, son chef audacieux
S'avance vers le lac dans un profond silence.
Son large dos soutient un bouclier immense,
Orbe prodigieux dont le vaste contour
Semble l'astre des nuits, quand, du haut d'une tour,
Ou du sommet des monts, l'œil, aidé par le verre,
S'étonne d'y trouver l'image de la terre.
Ses gouffres, ses rochers, ses fleuves, ses volcans,
Qu'un long tube montrait au Newton des Toscans.
Sa lance est dans sa main ; le pin que la Norwège
Pour l'empire des mers a nourri dans la neige,
Près de l'arme terrible est à peine un roseau :
Sur elle de son corps appuyant le fardeau,
Il marche, non pas tel qu'au haut de l'Empyrée
Superbe il s'élançait dans la plaine azurée ;

Les feux qu'il respira, les feux qu'il a sentis,
Retardent en marchant ses pas appesantis.
Vers le lac enflammé lentement il arrive,
Se pose sur sa lance; et, debout sur la rive,
Contemple ses guerriers de frayeur éperdus,
Et sur le lac en feu tristement étendus.
Rien ne peut s'égaler à leur foule nombreuse :
Sous les profonds berceaux des bois de Vallombreuse,
Moins pressés, moins épais, des feuillages flétris
Au retour des hivers s'entassent les débris;
Moins serrés sont ces joncs qu'entouré des orages,
Le fougueux Orion couche sur ses rivages,
Mer fameuse, où l'Hébreu voyait de l'autre bord
Les fiers tyrans du Nil dévorés par la mort,
Et, sur un vaste amas de chars et de victimes,
Les flots en mugissant refermer leurs abîmes :
Tels, sur les flots du lac brûlant et ténébreux,
En foule sont couchés ces bataillons nombreux.
Sa voix tonne de loin sous la voûte profonde;
Les airs en sont troublés, et tout l'Enfer en gronde :
« O vous, l'honneur du Ciel; vous, mon plus ferme appui,
» Hélas! et que mon œil méconnaît aujourd'hui,
» Rois, princes, potentats, Chérubins, fiers Archanges,
» D'un chef jadis heureux belliqueuses phalanges,
» Vous, qu'à vivre toujours le Ciel a destinés,
» Est-ce donc la terreur qui vous tient enchaînés?
» Ou bien, pour respirer de votre chute horrible,
» Choisîtes vous ces feux et cette mer terrible

» Pour y dormir en paix comme au palais des Cieux?
» Ou bien redoutez-vous un vainqueur odieux,
» Et ce front prosterné vient-il de reconnaître
» Le tyran que la force a nommé notre maître?
» Il nous voit de son trône, il voit flotter épars
» Nos armes, nos guerriers, nos drapeaux et nos chars.
» Que dis-je, ses guerriers, saisissant l'avantage,
» Peut-être jusqu'ici s'en vont porter leur rage,
» Et des traits de sa foudre enfoncés dans nos flancs
» A ces brûlants tombeaux nous attacher vivants.
» Levez-vous, armez-vous, ou servez en esclaves ».
 Il dit : impatiens de rompre leurs entraves,
Tous sortent à la fois du gouffre des Enfers,
Et de leur vol terrible ont fait frémir les airs.
Tels des gardes, la nuit sommeillant sous leurs armes,
Si le péril approche, aux premiers cris d'alarmes
Se lèvent en tumulte, et, dormant à demi,
Les yeux à peine ouverts, volent à l'ennemi :
De la vague enflammée ainsi part et s'élance
Ce bataillon rapide, impétueux, immense.
Tout s'émeut, tout frémit; et quoique sur leurs cœurs
Pèsent leur infortune et le poids des douleurs,
Ensemble déployant leurs innombrables ailes,
A sa voix ont volé leurs légions fidèles.
Ainsi, lorsque d'Amram le redoutable fils
Voulut punir l'orgueil de l'altière Memphis,
A peine il eut tourné sa baguette puissante,
Soudain vinrent tomber sur l'Égypte tremblante,

Des insectes ailés, des nuages vivants
Qui noircissaient les airs et volaient sur les vents.
Leur foule ainsi s'empresse; ainsi dans la nuit sombre
Nagent parmi les feux leurs bataillons sans nombre.
Moins nombreux autrefois, le peuple entier du Nord
Dans les champs du Midi vint apporter la mort,
Inonda les Germains de sa horde guerrière,
Des roches de Calpé traversa la barrière,
Et vomit par torrents ses barbares essaims
Des glaces de Norwège aux sables africains.

 Tout part, forme ses rangs; déjà de chaque bande
Les chefs ont entouré le chef qui les commande.
Leurs figures, leurs traits n'offrent rien de mortel;
Tous sur des trônes d'or ont siégé dans le Ciel.
Leurs noms n'existent plus : leur rebelle folie
Les a tous effacés du livre de la vie.
Depuis, cherchant leur proie, et quêtant des autels,
Dieu, par leur culte impie, éprouva les mortels.
Parmi l'encens et l'or et les fêtes pompeuses,
L'homme les adora sous cent formes trompeuses,
Et dressant à la brute un autel imposteur,
Dans sa gloire invisible oublia son auteur.

 Muse, dis-moi les rangs, les chefs de cette armée;
Dans quel ordre, sorti de sa couche enflammée,
Chacun saisit son poste, et, docile à sa loi,
D'une brillante élite environne son roi,
Tandis qu'au loin planant dans la vaste étendue
La foule dans les airs flotte encor suspendue.

Les premiers furent ceux dont les fantômes vains,
Courbant à leurs genoux les crédules humains,
De la terre idolâtre usurpèrent l'hommage,
En face du vrai Dieu placèrent leur image;
Qui, jusque sur son trône assis dans le Saint-Lieu,
Osèrent affronter l'œil foudroyant d'un Dieu,
Et par des rits impurs, des fêtes criminelles,
Profanaient de Sion les pompes solennelles.

À leur tête est Moloch, dont les affreux autels
Boivent le sang humain et les pleurs maternels.
En vain pendant l'horreur de ces scènes fatales
Les tambours résonnants, les bruyantes cymbales,
Des enfants dans les feux étouffent les clameurs;
Tendres mères: leur cri retentit dans vos cœurs.
L'aquatique Rabba lui soumit ses rivages:
Du cruel Ammonite il reçut les hommages,
Conquit Basan, Argob: des rives de l'Arnon
Courut de proche en proche aux campagnes d'Hinnon,
Y plaça son image, y fonda son empire;
Le plus sage des rois éprouva son délire,
Et sur le mont d'opprobre, en ses vœux criminels,
Aux autels du Très-Haut opposa ses autels.

Des filles de Moab épouvantail obscène,
Après lui vint Chamos, dont l'infâme domaine
D'Aroër à Nébo courut vers le Midi,
Poussa sur Hésébon son empire agrandi,
Traversa le désert, franchit ses belles plaines,
Où des vins de Sibma la grappe enfle ses veines,

Régna d'Éléalé jusqu'au lac sulfureux
Où de Gomorrhe éteint fument encor les feux.
Péor était son nom, quand loin de son rivage
Le Nil vit les Hébreux d'un impudique hommage
Honorer ses autels, source de leurs malheurs.
Sur le mont renommé par l'opprobre des mœurs,
La pudeur s'effraya de sa lascive orgie;
Elle vit s'élever sa hideuse effigie
Dans les vallons fleuris, le long des verts bosquets
Où fumaient de Moloch les horribles banquets :
Lieux cruels où le meurtre et la débauche impure
Vinrent d'un double outrage affliger la nature,
Jusqu'au jour mémorable où, vengeant l'Éternel,
Le pieux Josias renversa leur autel.

Après eux s'avançaient tous ces esprits immondes,
Qui de l'antique Euphrate asservirent les ondes,
Jusqu'à l'humble ruisseau qui des bords syriens
Sépare en serpentant les noirs Égyptiens.
Astaroth et Baal furent les noms vulgaires
Qui distinguaient leur sexe et non leurs caractères.
Des deux sexes divers chaque esprit a le choix;
Chacun peut en lui seul les unir à la fois;
Tant leur être est parfait, tant leur souple nature
Surpasse des mortels la grossière structure;
Cet amas d'os, de chairs, d'organes, de ressorts,
Qui captive notre âme et surcharge nos corps.
Chacun forme à son choix sa taille variée,
Obscure ou lumineuse, épaisse ou déliée;

Et, libre en ses desirs, satisfait tour-à-tour
Ou ses projets de haine, ou ses penchants d'amour.
Pour eux abandonnant le Créateur suprême,
L'homme honora la brute, et s'abrutit lui-même.
Dieu le vit; et bientôt, au glaive abandonné,
Israël expia son temple profané.

 Vint ensuite, entouré d'une escorte nombreuse,
Asthoret, éclipsé dans la nuit ténébreuse;
Asthoret qui depuis, sous le nom d'Astarté,
Fier d'un double croissant tout brillant de clarté,
Fut la reine des nuits, et, dans les temps antiques,
Des vierges de Sidon écouta les cantiques.
Sion connut son culte : Un roi que l'Éternel
Sans murmure combla de tous les dons du Ciel,
Séduit par les beautés dont il suivit l'exemple,
Sur la montagne impie édifia son temple,
Et, chargeant de ses dons des autels impuissants,
Entre elles et leur dieu partagea son encens.

 Ensuite vint Thammuz, Thammuz dont la blessure
Rouverte tous les ans, sous la noire verdure
Des cèdres du Liban, autour de son cercueil,
Des vierges de Sidon renouvelait le deuil;
Là pleure un jour entier leur troupe virginale,
Tandis que l'Adonis de sa roche natale
S'échappe, et vers les mers coulant en doux ruisseaux,
De son sang adoré s'en va rougir les eaux.
Bientôt courut partout cette fable amoureuse;
Sion même en gardait l'erreur contagieuse.

Quand, de son œil perçant, le triste Ézéchiel
Des filles de Juda vit l'amour criminel,
Et de leur culte impur les infâmes pratiques
Du temple du vrai Dieu profaner les portiques.

Ensuite s'avança celui dont les douleurs
Baignèrent son autel de véritables pleurs,
Quand, sur ce dieu vainqueur vengeant son esclavage,
L'arche sainte brisa son impuissante image,
Et, dans son propre temple, à ses prêtres surpris,
De leur dieu mis en poudre étala les débris.
Dagon était son nom : cet exilé céleste
Est homme par le buste, et poisson par le reste.
Dans les champs d'Ascalon, dans les vallons de Ger,
La terreur adorait ce monstre de la mer :
Sous son sceptre tremblait la Palestine entière;
Ascalon et Gaza, sur leur vaste frontière
Voyait régner son culte, et d'un front orgueilleux
Son temple dans Azote allait braver les Cieux.

Après lui vint Rimmon, qui, près des fraîches ondes
Que bordent de Damas les campagnes fécondes,
D'Abana, de Pharphar, ruisseaux délicieux,
Attirait les mortels par le charme des lieux ;
Ce dieu vit son vainqueur au rang de ses conquêtes ;
Pour lui, des Syriens rivalisant les fêtes,
Achaz fonda son culte, et, fier de son appui,
Au vrai Dieu préféra des dieux vaincus par lui.

A son tour s'avança la foule ridicule
Des monstres honorés par l'Égypte crédule :

C'étaient Orus, Isis, Osiris, tous ces dieux
D'autant mieux révérés qu'ils étaient plus hideux ;
Et tous ces animaux, déités vagabondes,
Que le peuple adorait sur la terre et les ondes :
Insensés qui, de Dieu prostituant le nom,
Devant le vil instinct abaissaient la raison.
Israël même eut part à cette erreur impure,
Quand l'or, du veau stupide empruntant la figure,
Par le peuple d'Horeb devant lui prosterné,
Vit du grand Jéhovah le culte abandonné.
Bientôt Bethel et Dan virent un roi rebelle
Lui-même se créer un dieu sur ce modèle.
Mais enfin, las de voir des prêtres suborneurs
A de vils animaux transporter ses honneurs,
Dieu se leva, s'arma de son glaive terrible,
Et dans la même nuit, nuit à jamais horrible !
Des mères d'un seul coup frappa les fruits naissants,
Et le prêtre, et le temple, et ses dieux mugissants.
Enfin vint Bélial : dans la troupe rebelle
Nul ne mérita mieux la vengeance éternelle ;
Pour l'amour seul du vice, au vice abandonné,
La vertu révoltait son cœur désordonné ;
Nul autel, nul encens, nulle cérémonie
N'honorait ses fureurs ; mais souvent son génie
Se glissa dans le temple, et, jusque sur l'autel,
Au pontife inspira l'oubli de l'Éternel :
Par lui des fils d'Éli la brutale luxure
Outragea le Saint-Lieu, les lois et la nature ;

Il hante les palais, il règne dans les cours,
Habite les cités et plane sur leurs tours :
Là des hymnes lascifs, de l'obscène licence,
Des cris de la fureur, de ceux de la vengeance,
Accents délicieux pour cet esprit pervers,
Arrivent jusqu'à lui les horribles concerts.
J'en atteste Sodome et l'impure Gomorrhe,
Théâtre des forfaits que la nature abhorre;
Et toi, séjour flétri par l'impudicité,
Où le toit protecteur de l'hospitalité,
Pour éviter l'horreur d'un viol plus infâme,
Au crime abandonna la pudeur d'une femme.

Tous, fiers du premier rang, menaçaient l'Éternel.
Dirai-je ces enfants de la Terre et du Ciel,
Ces dieux, ces demi-dieux, familles innombrables
Dont l'erreur en cent lieux a propagé les fables :
Titan le premier né, Saturne avec son fils,
De l'empire des Cieux l'un par l'autre bannis,
Aïeux, pères, enfants, immense colonie
Que la Crète autrefois reçut de l'Ionie,
Qui cherchant sur les monts une image des Cieux,
Courut du sombre Ida sur l'Olympe orageux,
A Delphes, à Dodone inspira son délire,
Et des champs doriens agrandit son empire;
Ou qui, suivant le dieu proscrit par Jupiter,
Du fougueux Adria franchit l'étroite mer,
Traversa l'Hespérie, et des plaines celtiques
Porta jusqu'à Thulé ses autels fanatiques?

A tous ces dieux guerriers, jadis l'honneur des Cieux,
En foule vint s'unir le vulgaire des dieux,
L'air morne, l'œil éteint; pourtant, dans leur tristesse,
Se laissait entrevoir un rayon d'allégresse :
A l'aspect de leur chef, qui, ferme en son malheur,
Contre le désespoir a défendu son cœur,
Eux-mêmes, au milieu de leur ruine immense,
S'applaudissent tout bas d'un reste d'espérance.
Satan s'en aperçoit; il hésite, et ses yeux
Expriment de son cœur les sentiments douteux.
Mais enfin, reprenant son audace première,
Il cherche à ranimer leur vaillance guerrière;
Et, pour rendre l'espoir à leur cœur attristé,
D'une fausse assurance il pare sa fierté.
Il veut qu'au bruit des cors, au son de la cymbale,
Se déroule à l'instant son enseigne royale :
Il commande; et soudain le fier Azariel,
Qu'honorait cet emploi dans l'empire du Ciel,
Obéit à son ordre. Il vient et, plein de joie,
L'enseigne impériale en ses mains se déploie;
L'éclatant météore éblouit moins les yeux :
Des perles y traçaient leurs chiffres radieux,
Et l'or armorié par l'Ange de mémoire,
A ces enfants du Ciel parle encor de leur gloire;
 Enfin l'airain sonore a donné le signal :
Soudain un vaste cri du palais infernal
Parcourt la voûte immense, et dans ses gouffres sombres
Va porter l'épouvante au royaume des Ombres.

Aussitôt, rayonnant dans la nuit des Enfers,
D'innombrables drapeaux s'élèvent dans les airs ;
L'Orient envîrait leur couleur éclatante ;
Le vent gonfle les plis de leur pourpre flottante ;
Alors une forêt de casques et de dards,
Et l'or des boucliers, brillent de toutes parts.
L'œil admire leur nombre et leur magnificence,
Et de leurs rangs serrés la profondeur immense.
Le moment est venu : tout s'ébranle à la fois
Aux accents doriens des flûtes, des hautbois :
Mode majestueux, solennelle harmonie,
Dont la gravité mâle à la douceur unie,
De l'antique héroïsme entretenait les feux ;
Qui charme les Enfers, et la Terre et les Cieux,
Tempère la valeur, l'aiguillonne ou l'arrête,
Lui donne un air tranquille au fort de la tempête,
Fait taire le danger, la souffrance, la peur,
Et produit le courage et non pas la fureur :
Tels étaient ces guerriers; tels, sûrs de leur vaillance,
Forts de leur union, tous marchaient en silence
Au bruit de ces concerts, qui du sol sulfureux
Tempéraient les ardeurs sous leurs pas douloureux.
Ils avancent : déjà se déploie à la vue
De leur front menaçant l'effrayante étendue ;
Ces files de guerriers, d'armes, de javelots,
Terribles, imposants même dans leur repos,
Armés, tels qu'on nous peint les héros du vieil âge.
  Arrêtés à leur poste, et bouillants de courage,

Tous n'attendent qu'un signe ; et le roi des Enfers,
D'un coup-d'œil plus perçant, plus prompt que les éclairs,
De ce coup-d'œil qui fait le destin des batailles,
Traverse de leurs rangs les vivantes murailles.
Leur fier maintien, l'ardeur qui brille dans leurs yeux,
Leur port, tel que la fable a peint celui des dieux,
L'ordre, le nombre enfin, leur plus faible avantage,
D'espérance et d'orgueil ont enflé son courage.
Ce que la terre entière a vu de bataillons
De leurs flots débordés inonder les sillons,
Près d'eux ressemblerait à l'humble et faible armée
Qu'aux escadrons volants opposait le Pygmée.
Rassemblez ces Titans dont l'audace entassa
Ossa sur Pélion, Olympe sur Ossa,
Les héros des Thébains, les guerriers que Pergame
A vu, Grecs ou Troyens, s'armer pour une femme,
Tous les dieux alliés qui combattaient pour eux,
Tout ce que les romans ont peint de valeureux,
Ce qu'inventa la fable et raconta l'histoire,
Ces preux qu'au grand Arthus associa la gloire,
Tout ce qu'ont vu joûter, Chrétien ou Musulman,
Les créneaux d'Apremont, les tours de Montauban,
Les remparts de Damas, les champs de Trébisonde,
Ces essaims dont l'Afrique inonda notre monde ;
Tous ces pouvoirs mortels, que sont-ils, comparés
A ces rivaux du Ciel contre lui conjurés ?
Au-dessus de leur foule immense, mais docile,
Satan, comme une tour, élève un front tranquille ;

LIVRE I.

Lui seul, ainsi qu'en force il les passe en grandeur :
Son front, où s'entrevoit son antique splendeur,
D'ombres et de lumière offre un confus mélange ;
Et si c'est un débris, c'est celui d'un Archange,
Qui, lumineux encor, n'est plus éblouïssant.
Vers l'horizon obscur, tel le soleil naissant
Jette à peine, au milieu des vapeurs nébuleuses,
De timides rayons et des lueurs douteuses ;
Ou tel, lorsque sa sœur offusque ses clartés,
Pâle, et portant le trouble aux rois épouvantés,
Il épanche à regret une triste lumière,
Des désastres fameux sinistre avant-courière ;
Mais, à travers la nuit qui nous glace d'effroi,
Tous les astres encor reconnaissent leur roi.
Tel se montre Satan ; tel son éclat céleste,
Tout éclipsé qu'il est, éclipse tout le reste.
Foudroyé, mais debout, triste et majestueux,
Sur son front, que du Ciel ont sillonné les feux,
Du tonnerre vengeur on voit encor les traces :
La douleur dans ses traits a gravé ses disgrâces ;
Mais dans son air pensif perce, à travers son deuil,
Le courroux révolté, l'opiniâtre orgueil.
Cependant le remords est dans son œil farouche ;
La vengeance l'aigrit, le repentir le touche ;
Il voit avec douleur tous ces infortunés,
Innombrables esprits dans sa chute entraînés,
Déshérités du Ciel, perdu dans ses abîmes,
Compagnons de sa faute, ou plutôt ses victimes,

Si brillants autrefois, éclipsés aujourd'hui,
Malheureux à jamais, et malheureux par lui,
Ainsi que ses forfaits partageant sa misère;
Et cependant, du Ciel défiant la colère,
Leur malheur généreux se voue à son malheur;
Leurs honneurs sont perdus, mais non pas leur valeur:
Tels le chêne des bois et le pin des collines,
Dont la foudre en éclats dispersa les ruines,
D'une riche verdure autrefois habillés,
Bravent encor le Ciel de leur front dépouillés.

Satan vient, il s'adresse à ses troupes fidèles :
Vers lui l'armée en cercle a recourbé ses ailes :
Et d'avance, soumis à sa suprême loi,
Tous les chefs en silence ont entouré leur roi.
Trois fois à ces guerriers, appuyés sur leurs armes,
Il veut parler ; trois fois d'involontaires larmes
(Larmes telles qu'en verse un habitant des Cieux),
Trahissant sa fierté, s'échappent de ses yeux.
Enfin à ce discours ses soupirs ont fait place :
« Vous, dont le Tout-puissant put seul dompter l'audace,
» Chérubins, Séraphins, vous tous dont le grand cœur
» Combattit sans succès, mais non pas sans honneur;
» Ce combat fut affreux, hélas ! tout nous l'atteste,
» Nos revers, nos débris, et ce cachot funeste :
» Mais voyez cette armée, et ce peuple de dieux
» Fièrement révoltés contre un joug odieux !
» Quel esprit pénétrant, et quelle expérience
» De leur lutte terrible eût prévu l'impuissance?

» Que dis-je ? puis-je croire, en cet état cruel,
» Que ceux de qui l'exil a dépeuplé le Ciel,
» Ne puissent point briser leur prison infernale,
» Vaincre, et reconquérir leur demeure natale ?
» Et moi, moi votre chef, doutez-vous de ma foi ?
» Ai-je rien fait sans vous, rien entrepris pour moi ?
» Nul de nous n'a failli dans cette grande cause.
» Mais celui qui là haut tranquillement repose,
» Ce Dieu qu'ont soutenu sur son trône incertain
» L'imposant appareil du pouvoir souverain,
» L'usage, un vieux respect ; en cachant sa puissance,
» Lui-même encouragea la désobéissance :
» De là tous nos malheurs ; mais le sort aujourd'hui
» Nous apprend à juger et de nous et de lui.
» N'allons donc point braver ni craindre son tonnerr :
» Moins forts, mais plus adroits, par une sourde guerre,
» Attaquons son pouvoir ; prouvons qu'un ennemi
» Par la force accablé n'est vaincu qu'à demi.
» Tout change avec le temps : des mondes peuvent naître,
» Qui de notre oppresseur nous vengeront peut-être.
» Un bruit court dans les Cieux qu'en un riant séjour
» Des êtres de son choix vont recevoir le jour,
» Êtres favorisés, et de ses dons suprêmes
» Comblés presque à l'égal de ses Anges eux-mêmes.
» Sortons, courons d'abord reconnaître ces lieux ;
» Sortons : sommes-nous faits pour ce gouffre odieux ?
» Non, nous n'avons point vu la lumière céleste
» Pour languir enchaînés dans ce cachot funeste.

» Mais dans un grand conseil mûrissons ces projets :
» Enfin, point de traités, de trèves, ni de paix !
» Guerre ouverte ou cachée à ce tyran du monde !
» La guerre ! c'est mon vœu, que le vôtre y réponde ».
  A peine il a parlé, jusqu'au fond des Enfers
Les glaives flamboyants font jaillir mille éclairs ;
Tout donne, tout reçoit le signal des alarmes ;
Les armes à grand bruit entrechoquent les armes ;
Le blasphème insolent, les cris séditieux
Vont porter leur défi jusqu'au trône des Cieux.
  Non loin s'offrait un mont dont la cime enflammée
Roulait des tourbillons de feux et de fumée ;
Le terrain qui s'étend sous son front escarpé,
D'une croûte brillante au loin enveloppé,
Trahissait le trésor des mines souterraines,
Lent ouvrage du souffre infiltré dans leurs veines.
Là, d'escadrons ailés vole un nombreux essaim :
Tels, s'armant de la bêche, et la hache à la main,
D'intrépides sapeurs, par bandes détachées,
Élèvent des remparts ou creusent des tranchées.
A leur tete est Mammon, dont les penchants honteux
Font de lui le plus vil de ces enfants des Cieux :
Même au séjour divin sa passion sordide
Tenait ses yeux baissés ; et son regard avide,
Aux saintes visions des Chérubins ravis,
Semblait préférer l'or des célestes parvis.
Par lui la soif de l'or vint infecter le monde :
Enfant dénaturé d'une mère féconde,

L'homme perça la terre, et son avare main
Lui ravit ses trésors qu'elle cache en son sein.
  Bientôt pour tirer l'or de sa prison obscure,
Leur troupe a fait au mont une large blessure.
Qu'on ne s'étonne point que l'Enfer cache l'or :
A quel sol convient mieux ce funeste trésor?
Et vous, qui nous vantez les merveilles humaines,
De Babel, de Memphis les pompeux phénomènes,
Voyez, dans un prodige enfanté d'un clin-d'œil,
Ces esprits, des mortels humilier l'orgueil,
Et seuls, en peu d'instants, passer dans leurs ouvrages
Les longs travaux des arts, des peuples et des âges.
Tout agit, tout s'empresse : au pied du mont brûlant
Des creusets préparés, du lac étincelant
Par cent conduits secrets tiraient un feu liquide :
Là, d'autres mains fondaient chaque masse solide,
Séparaient les métaux, et dans des creux profonds,
Des ruisseaux écumants épuraient les bouillons.
Ailleurs le sol durci, formant un vaste moule,
Attend les flots brûlants, et le métal qui coule
Dans ces creux variés prend mille aspects nouveaux :
Ainsi le même vent, par différents canaux,
De l'orgue modulant la voix mélodieuse,
Exhale en sons divers son âme harmonieuse.
Sous la forme d'un temple aussitôt enfanté,
Sort comme une vapeur l'édifice enchanté,
Au bruit d'une agréable et douce symphonie
Dont la belle ordonnance égale l'harmonie.

Tels au son de la lyre, en cadence croissants,
Des Thébains autrefois on vit les murs naissants.
Il monte : autour de lui les piliers magnifiques,
Les architraves d'or, les colonnes doriques,
La corniche, la frise aux contours gracieux,
Que relevait en bosse un travail précieux,
Le toit d'or ciselé, qu'enrichit la sculpture,
Tout étonne et ravit : jamais l'architecture,
Quand l'Euphrate et le Nil rivalisaient entre eux,
Aux palais de leurs rois, aux temples de leurs dieux,
N'a prodigué tant d'art et de magnificence.

Enfin se montre entier le monument immense,
Prodige de grandeur, de richesse et de goût;
Et sur ses fondements l'édifice est debout.
Alors à deux battants la porte d'airain s'ouvre :
Soudain jusques au fond l'œil étonné découvre
Sa structure imposante et son immensité.
Sur son riche parvis, rayonnant de clarté,
Descendaient, suspendus à ses voûtes superbes,
Des lustres d'où partaient mille brillantes gerbes;
L'asphalte inextinguible alimente leurs feux,
Et l'Enfer un instant leur retrace les Cieux.

La foule entre; et, du temple admirant l'artifice,
L'un vante l'architecte, et l'autre l'édifice :
L'un est digne de l'autre; et l'artiste immortel
Ainsi que dans l'Enfer s'illustra dans le Ciel.
C'est lui qui fabriqua ces dômes magnifiques,
Ces célestes palais des pouvoirs séraphiques,

LIVRE I.

Qui, le sceptre à la main, sur le trône pompeux,
Gouvernent sous leur roi les provinces des Cieux.
La terre le connut; la Grèce et l'Ausonie,
Sous le nom de Vulcain, adoraient son génie :
C'est lui, si l'on en croit la fabuleuse erreur,
C'est lui que Jupiter jeta, dans sa fureur,
Des palais de cristal qu'il construisit lui-même.
Précipité du haut de l'empire suprême,
De l'aurore naissante à la moitié du jour,
Du midi jusqu'à l'heure où l'ombre est de retour,
Tout un long jour d'été continuant sa route,
Tel qu'un astre échappé de la céleste voûte,
Il roula dans l'espace, et, du trône des airs,
Vint tomber à Lemnos, fille antique des mers.
Là finit son voyage : ainsi content les fables.
Que dis-je, dès long-temps tous les Anges coupables
Étaient tombés des Cieux. Que lui sert désormais
D'avoir bâti du Ciel les célestes palais?
Dieu l'en bannit lui-même, et, pour prix de son crime,
Il l'envoya bâtir dans l'éternel abime.

Cependant des hérauts, en pompeux appareil,
Au nom du fier Satan assemblaient son conseil :
Au Pandémonium, sa vaste capitale,
La trompette appelait son armée infernale.
Là, de chaque phalange, arrivent à la fois
Tous ses pairs, désignés par leur rang ou son choix :
La porte est assiégée; à leur vaste affluence
A peine suffisait le vestibule immense.

Mais le temple surtout, quoique égal en grandeur
Aux champs où des guerriers, pleins d'une noble ardeur
Venaient rompre la lance, ou d'un élan rapide
Heurtaient contre un coursier un coursier intrépide,
A peine à contenir ce peuple des Enfers ;
Il inonde la terre, il obscurcit les airs ;
L'espace au loin frémit sous leurs ailes bruyantes :
Tels ces nombreux essaims d'abeilles bourdonnantes,
Quand l'astre printanier ramène les chaleurs,
Sur la fraîche rosée et sur l'émail des fleurs,
En groupes font sortir leur volante peuplade ;
Ou d'un ais qui déborde inondant l'esplanade,
Sur leur palais de chaume, en un conseil nombreux,
Des besoins de l'état délibèrent entre eux :
Tels étaient ces guerriers ; telle, admise avec peine,
Leur foule dans ces lieux se trouvait à la gêne.
Tout à coup, ô prodige ! on donne le signal,
Et ce peuple géant de l'empire infernal,
Que sa taille égalait aux enfants de la Terre,
Pareil à d'humbles nains en un point se resserre ;
Ainsi le veut Satan : telle, si l'on en croit
L'histoire du Pygmée, en un espace étroit
Sa nation s'assemble ; ou tel, au bord de l'onde,
Le long des bois, suivant sa course vagabonde,
La nuit le berger voit ou s'imagine voir
D'un peuple aérien l'humble essaim se mouvoir,
Tandis que, suspendue au-dessus de leur tête,
L'amie et le témoin et l'astre de leur fête,

La lune leur sourit : de l'oreille et des yeux,
Timide il suit de loin leurs pas mystérieux,
Leurs nocturnes ébats, leur voix enchanteresse,
Et palpite à la fois de crainte et d'allégresse.
Tel ce peuple nombreux de l'infernale cour,
Naguère trop serré dans ce vaste séjour,
Tout à coup a réduit sa stature hautaine,
Et la foule en un point se meut enfin sans peine.
Seuls, dominant de loin leurs flots respectueux,
Chérubins, Séraphins, leurs chefs majestueux,
Gardent leur port altier et leur taille imposante.
Pour le conseil secret chacun d'eux se présente :
Tous, sur leur trône d'or avec pompe exhaussés,
Comme un sénat de dieux à leur rang sont placés ;
Un ordre solennel commande le silence ;
On se tait, on attend, et le conseil commence.

FIN DU LIVRE PREMIER.

REMARQUES

SUR LE LIVRE PREMIER.

L'annonce du sujet, comme le remarque Addison, est de la plus grande simplicité; j'observerai seulement que Milton a passé une circonstance essentielle, je veux dire l'hérédité terrible de la mort et des malheurs, léguée par nos premiers parents à leur postérité.

L'invocation est de la plus grande beauté. L'auteur y parcourt de la manière la plus poétique les lieux et les événements les plus célèbres dans l'histoire sainte; c'est avec raison qu'il place son sujet au-dessus de tous les sujets profanes et fabuleux: c'est là que se trouve, dans toute sa magnificence, le beau idéal, qui est la véritable source du sublime. Ce sujet a l'avantage de réunir le merveilleux avec la vérité, tous les intérêts du Ciel et de la Terre, les charmes de la Nature encore vierge, de l'homme encore innocent, la perspective des grands malheurs que sa première faute a transmis à ses descendants.

L'exposition du sujet est simple et rapide, et ressemble, non-seulement par la forme, mais par le fond, à celle des poëmes épiques les plus célèbres: dans l'*Iliade*, c'est la colère d'Achille; dans l'*Énéide*, celle de Junon; dans le *Paradis perdu*, celle de Satan.

Rien n'égale l'énergie avec laquelle Milton a peint toute cette armée d'Anges rebelles, précipités dans une mer de feu; Satan relevant sa tête au-dessus de ses vagues brûlantes, et contemplant avec effroi les débris de son armée. Le caractère de ce chef des rebelles se montre déjà dans le discours qu'il adresse à Belzébuth son complice, et après lui le premier dans le Ciel; mais dans ce discours, et dans la réponse de Belzébuth, se montrent déjà la supériorité de courage et le caractère indomptable du chef des Anges révoltés. Satan espère encore; Belzébuth n'espère plus. Rien n'est plus sublime que la peinture de Satan sortant du gouffre, son corps gigantesque laissant dans l'abîme une vallée immense; la hauteur de sa taille, la grandeur de son armure, son port, son maintien, tout est au-dessus des héros ordinaires des poëmes épiques, et annonce d'avance, de la manière la plus énergique, la lutte de l'Enfer contre le Ciel. Il serait difficile de trouver dans aucun autre poète un discours plus énergique et plus éloquent que celui où Satan exprime les sentiments que lui inspire la vue de l'Enfer, sa nouvelle patrie. L'expression de sa colère, de ses regrets, est de la plus admirable vivacité; sa résignation même fait frémir. La réponse de Belzébuth semble accorder de nouveau la première place à Satan, et le reconnaître pour son chef, pour celui sur qui l'Enfer doit fonder toutes ses espérances.

La marche de Satan vers le lac de feu, son vaste corps appesanti par la souffrance, cicatrisé par la foudre, se traînant péniblement appuyé sur sa lance, est peinte des plus vives couleurs; le discours qu'il adresse, debout sur la rive, à ses guerriers étendus sur la mer enflammée, est de la plus sombre et de la plus impétueuse éloquence. Une verve admirable règne dans le morceau suivant, pour exprimer la multitude immense de ses guerriers qui accourent de la mer brûlante à la voix de leur chef. Le poète a accumulé les comparaisons à la manière d'Homère, dont il est en cet endroit le disciple et le rival. Tous les lecteurs ne seront pas également contents des détails de géographie moderne qui se trouvent dans ce morceau, et qui forment une sorte de disparate avec le sujet de son poème : c'est-là que Milton a montré pour la première fois son goût excessif pour ce genre d'érudition, dont il est ridiculement prodigue dans presque toutes les parties de son ouvrage.

À l'imitation des poètes anciens, Milton a fait une énumération de l'armée de Satan et des principaux chefs qui devaient combattre sous lui ; il paraît en cet endroit inférieur à ses modèles. L'histoire de l'idolâtrie, pleine de détails géographiques très-exacts et très-savants, et presque étrangère au sujet : cette énumération, d'ailleurs, manque de l'intérêt national qu'on trouve dans les morceaux du même genre que nous ont laissés Homère et Virgile : c'était la population, la géographie de leur pays que peignaient ces deux poètes. On sait que l'énumération que fait Homère des différents peuples qui partaient pour le siége de Troie, était regardée par les Grecs comme le monument le plus fidèle de leur histoire et de leur géographie : cette fidélité a été reconnue par les savants de tous les âges, et chaque détail de ce morceau est encore une autorité pour les géographes. Milton a été plus heureux dans la peinture qu'il fait de l'armée de

Satan, rangée en bataille; Homère et Virgile n'offrent rien de plus brillant et de plus animé. La construction du Pandémonium, toute fantastique qu'elle est, est peinte des couleurs les plus magnifiques; c'est l'imagination parlant à l'imagination. Le goût ne peut pas approuver également l'endroit où Milton peint tous ces esprits infernaux, que leur palais n'eût pu contenir dans leur état ordinaire, rapetissés à la voix de Satan, et changés tout-à-coup en nains et en pygmées. Cette fiction peu héroïque ressemble trop aux aimables extravagances de l'Arioste, mais elle se termine par une comparaison ingénieuse et pleine de poésie. Enfin, ce chant, malgré ses défauts, est regardé avec raison comme un des plus beaux de l'ouvrage : on ne peut rien ajouter, ni à l'éloquence des discours, ni à la magnificence des descriptions; on y trouve déjà établie avec un art admirable la vraisemblance d'une guerre invraisemblable entre un Dieu vainqueur et des Anges vaincus.

Les plus grandes difficultés que le traducteur ait eu à vaincre se trouvent sans contredit dans l'énumération des Anges rebelles, et dans les détails géographiques des lieux différents où ils ont été l'objet d'un culte idolâtre. Le traducteur a mis dans ce passage la plus scrupuleuse fidélité, et ne s'est permis de retrancher aucun des noms de lieux ou de villes qui se trouvent dans l'original : aussi ce morceau est de ceux qui ont été le plus goûtés par les personnes des deux nations qu'il a consultées dans l'exécution de cet ouvrage.

ARGUMENT.

Satan agite dans le conseil s'il est à propos de hasarder encore une bataille pour recouvrer le Ciel. Quelques-uns en sont d'avis; d'autres s'y opposent. L'on déclare qu'il faut avant tout suivre l'idée de Satan, et éclaircir la prophétie ou tradition du Ciel, au sujet d'un monde destiné à une espèce de créatures peu inférieures aux Anges, et qui devaient exister à-peu-près dans ce temps. Leur embarras pour savoir qui ils enverront à la découverte de ce monde. Satan se charge tout seul de cette entreprise ; il reçoit des honneurs et des applaudissements. Le conseil fini, les Esprits se dispersent, et, pour charmer leurs maux, s'occupent à différents exercices, en attendant le retour de leur grand général. Il arrive aux portes de l'Enfer, qu'il trouve fermées, et gardées par deux monstres affreux. Après quelques éclaircissements, les portes lui sont ouvertes. Satan aperçoit le gouffre entre l'Enfer et le Ciel; il traverse l'abîme avec beaucoup de difficulté. Le Chaos qui préside dans cet espace lui désigne sa route vers ce monde qu'il cherchait.

PARADIS PERDU,
POÈME.

LIVRE DEUXIÈME.

Sur un trône éclatant, dont la splendeur royale
Efface de l'Indus la pompe impériale;
Et le riche Orient, qui prodigue à la fois
L'or, la perle et l'ivoire au luxe de ses rois,
Satan, dans tout l'éclat de sa magnificence,
S'assied en souverain : triste prééminence,
Qui paya son mérite et nourrit son orgueil !
Le plus haut rang pour lui n'est qu'un plus haut écueil;
Son désespoir l'y suit, conseiller téméraire,
Qui rallume l'audace au feu de la colère.
C'était trop peu pour lui du trône des Enfers;
Mal instruit par sa chute, il brave les revers;
Et flattant de ses vœux l'orgueilleuse impuissance,
Il déploie en ces mots sa superbe espérance :

« Rois, princes, potentats, divinités du Ciel,
» Car puisque cet élan d'un esprit immortel,
» Tout accablé qu'il est d'un joug illégitime,
» Ne peut rester captif dans l'éternel abîme,
» Croirai-je que le Ciel soit à jamais perdu?
» Non, vers l'heureux séjour dont il est descendu,

» Sa chute lui redonne un espoir plus rapide :
» Qui tomba sans frayeur se relève intrépide.
» Pour moi, mon rang suprême et votre libre choix
» Sur le trône où je siége établissent mes droits ;
» Et peut-être à ces droits, dont mon orgueil s'honore,
» Ce que j'ai fait pour vous peut ajouter encore :
» Enfin, dans ce haut rang, j'ai pour moi nos revers.
» Il est peu d'aspirants au sceptre des Enfers ;
» C'est au séjour du Ciel que doit régner l'envie :
» Là, d'un dépit jaloux la faveur est suivie ;
» Mais de mon sceptre affreux qui voudrait se charger ?
» Plus le pouvoir est grand, plus grand est le danger.
» D'où les biens sont bannis, l'ambition s'exile ;
» Le séjour du malheur, de la paix est l'asile.
» Qui voudrait, mécontent de sa part de douleurs,
» En croissant de pouvoir, accroître ses malheurs,
» Et, jaloux des dangers que le sort m'abandonne,
» Disputer à mon front ma brûlante couronne ?
» Non, non, laissons au Ciel la folle ambition :
» L'excès de nos malheurs scella notre union.
» Mettant donc à profit un si triste avantage,
» Osons reconquérir notre antique héritage ;
» Plus heureux, nous serions bien moins sûrs du bonheur.
» Écoutons l'intérêt, interrogeons l'honneur :
» Pour réparer nos maux, pour venger notre perte,
» Choisissons de la ruse ou de la guerre ouverte.
» J'attends votre conseil ». Il achève ; et soudain,
Le premier en pouvoir après son souverain,

LIVRE II.

De tous ceux qui formaient cette ligue coupable
Le plus fort, le plus fier et le plus indomptable,
Moloch, qui se disait égal à l'Éternel,
Qui voulait ou périr ou régner dans le Ciel,
Et dont le désespoir, aigri par ses disgraces,
Oublia Dieu, le Ciel, l'Enfer et ses menaces,
L'affreux Moloch se lève et s'exprime en ces mots :
 « Vengeance! guerre ouverte à l'auteur de nos maux!
» Je déteste la feinte, et connais peu la ruse ;
» Dans un pressant danger le lâche seul en use.
» Quoi! tandis que le temps se perd en vains complots,
» Faut-il que tout un peuple, indigné du repos,
» Attendant le signal, dévore ici l'outrage,
» Trop heureux d'obtenir un tranquille esclavage,
» Et, captif résigné dans un coin des Enfers,
» De boire en paix la honte et de traîner ses fers ;
» Tandis que, triomphant de notre ignominie,
» Par nos honteux délais règne la tyrannie?
» Loin cette lâcheté! Partons, volons, brisons
» Cette voûte infernale et ces noires prisons ;
» Armons-nous de ces fers forgés pour nos souffrances ;
» Instruments des douleurs, qu'ils le soient des vengeances.
» Ces torrents sulfureux qu'alluma son courroux,
» Contre leur propre auteur qu'ils marchent devant nous;
» Renvoyons-lui les traits qu'il lança sur nos têtes :
» Aux tempêtes du Ciel opposons nos tempêtes :
» Qu'il tonne, les éclairs répondront aux éclairs ;
» Nos foudres heurteront ses foudres dans les airs,

» Ébranleront son trône, et, dans sa cour suprême,
» Parmi ses Chérubins l'iront chercher lui-même...
» Mais, du fond des Enfers, quel vol audacieux
» Atteindra jusqu'à lui? De la hauteur des Cieux
» Son bras peut nous combattre avec trop d'avantage.
» Vain effroi! Savons-nous si le fatal breuvage
» Des ondes de l'Oubli n'a pas de notre corps
» Assoupi la vigueur, engourdi les ressorts?
» L'Ange aspire à monter, et résiste à descendre ;
» De ce noble besoin il ne peut se défendre :
» Nous l'éprouvâmes tous, alors que nos débris
» Tombaient précipités des célestes lambris,
» Sous le poids accablant d'une main foudroyante.
» C'est lui qui suspendait notre chute effrayante,
» Luttait contre la foudre, et, par un noble essor,
» Vers notre Ciel natal nous emportait encor.
» On craint l'événement : il peut, ce Dieu terrible,
» Accroître les horreurs de ce séjour horrible ;
» Sur nous son bras puissant pourra s'appesantir,
» Achever sa vengeance, et nous anéantir !
» Eh! quelle prise encore a sur nous la misère?
» Que peut donc à l'Enfer ajouter sa colère?
» Arrachés au bonheur, déshérités du jour,
» Exilés à jamais dans cet affreux séjour,
» Attendant qu'il nous plonge en ses plus noirs abîmes,
» Allez, des feux vengeurs éternelles victimes,
» D'un tyran sans pitié misérables vassaux,
» Allez, tous; attendez que les fouets, les bourreaux,

» Forcent le repentir à lui demander grace :
» Voilà votre destin. Eh! quelle autre menace
» Pourrait vous effrayer? Dans votre horrible sort
» Peut-il rien ajouter à nos maux, que la mort?
» Qu'importe d'irriter par un nouvel outrage
» Un vainqueur qui ne peut, dans l'excès de sa rage,
» Qu'avancer un trépas cent fois moins redouté
» Que les longues douleurs de l'immortalité?
» Ah! si notre esprit pur ne peut perdre la vie,
» Notre durée au moins peut lasser sa furie :
» Elle peut, et j'en prends à témoin nos combats,
» Porter la guerre au sein de ses heureux états.
» Sur son trône odieux fût-il inaccessible,
» Le vaincu peut braver ce despote invincible,
» Insulter en tombant au pouvoir outragé ;
» Et, s'il n'est pas vainqueur, il est du moins vengé ».

Il dit, grince les dents, fronce un sourcil farouche ;
Un sourire effroyable a paru sur sa bouche ;
Et son air, son regard, plein d'un sinistre feu,
Annonce un choc terrible à tout autre qu'à Dieu.
Plus aimable en ses traits, plus doux en sa colère,
Des Anges le plus beau, le mieux instruit à plaire,
Bélial lui répond, Bélial dont le cœur
Cachait de vils pensers sous un air de grandeur.
La grâce à ses discours prête un charme qui touche ;
Le fiel est dans son cœur, et le miel sur sa bouche ;
Il sait, dans les filets d'un discours captieux,
Tendre à la raison même un piége insidieux,

8.

Sait noircir la vertu, sait colorer le vice,
De l'esprit corrompu fait souvent son complice ;
Timide pour le bien, habile pour le mal,
Aux plus sages conseils son conseil est fatal ;
Mais l'oreille chérit sa voix enchanteresse.
On se tait, on l'écoute, et d'un ton plein d'adresse :
« Guerriers, j'aime, dit-il, votre noble chaleur,
» Et la guerre sans doute eût tenté ma valeur ;
» Mais souvent la fureur donne un conseil perfide :
» Tout ce qui vous rassure est ce qui m'intimide.
» Et qui de nous a pu se flatter du succès,
» Quand l'appui de l'état, l'âme de nos projets,
» Ce chef, dont le Ciel même admira la vaillance,
» Met dans le désespoir toute son espérance,
» Ne voit contre ses maux d'asile que la mort,
» Et, pourvu qu'il se venge, est content de son sort ?
» Se venger ! et comment ? Une troupe fidèle,
» Sur les remparts des Cieux exacte sentinelle,
» Nous en défend l'approche, et des plaines de l'air
» Quelquefois vient camper aux portes de l'Enfer ;
» Ou même, détachant des éclaireurs sans nombre,
» Visite tous les coins de ce royaume sombre.
» Et, quand de notre Enfer les bataillons nombreux,
» Redoublant de la nuit les voiles ténébreux,
» Iraient des rangs épais de notre armée entière
» De la voûte éthérée obscurcir la lumière,
» N'en doutez point, du haut de son trône immortel,
» Où dans tout son éclat brille un jour éternel,

» Opposant ses rayons à nos lueurs funèbres,
» Le Dieu victorieux percerait les ténèbres ;
» Et, jusqu'au noir abîme envoyant ses clartés,
» Terrible, éblouirait nos yeux épouvantés.
» On veut qu'accumulant outrage sur outrage,
» D'un Dieu lent à frapper nous irritions la rage :
» Du moins nous péririons, et trompant son courroux,
» Nous devrions la mort au dernier de ses coups.
» La mort ! quel triste asile ! Et qui, malgré ses peines,
» Par ses hideuses mains veut voir briser ses chaînes,
» Veut perdre pour jamais cette pure clarté,
» Cet esprit dont le vol parcourt l'immensité,
» Et tomber des splendeurs d'une vie immortelle,
» Dans le sein ténébreux de cette ombre éternelle,
» Où les sens, la pensée et l'être ne sont plus ?
» Eh ! fût-ce un bien si grand de les avoir perdus ;
» Ce Dieu d'anéantir notre affreuse existence
» Aura-t-il le pouvoir, aura-t-il l'indulgence ?
» Son pouvoir est douteux, son refus est certain.
» Ce Dieu sage est-il fait pour un courroux sans frein ?
» Ce Dieu, dont on connaît la puissance suprême,
» Maître de l'univers, l'est-il moins de lui-même ?
» Voudra-t-il tout-à-coup, par la haine emporté,
» Révoquer un arrêt que la haine a dicté ;
» Et, conduisant la mort dans ces brûlants abîmes,
» Se priver de sa proie et manquer de victimes ?
» Pourquoi donc, disent-ils, craindre des chocs nouveaux ?
» Peut-il rien ajouter à l'excès de nos maux ?

» Eh quoi ! dans ce palais où leur chef les rassemble,
» Siéger, délibérer et conspirer ensemble,
» Est-ce l'excès des maux ?... Rappelez-vous ce jour
» Où, chassés par ce Dieu du céleste séjour,
» Contre les traits brûlants du foudre inévitable,
» Nous invoquions l'abîme où son bras redoutable
» En foule nous plongeait dans ces gouffres affreux.
» Parlez, n'étiez-vous pas alors plus malheureux ?
» Et si ces feux vengeurs allumés par sa haine,
» Redoublant de fureur, redoublaient notre peine ;
» S'il rallumait sa foudre, et du trône des airs
» Faisait pleuvoir sur nous un déluge d'éclairs ;
» Enfin, pour épuiser ses trésors de vengeance,
» Si ce Ciel infernal, de qui la voûte immense
» Prête à nous accabler de ses débris affreux,
» Suspend sur notre tête un océan de feux,
» S'écroulait, nous versait ses flammes dévorantes,
» Des torrents de l'Enfer cataractes brûlantes....
» Que dis-je ? en ce moment où nos hardis complots
» De ce Dieu qui nous voit menacent le repos,
» Au milieu des projets qu'il se plaît à confondre,
» Peut-être ici sur nous un orage va fondre,
» Et sur ces rocs aigus nous attacher vivants,
» En proie à la tempête et battus par les vents ;
» Ou du lac enflammé roulant sur nous les ondes,
» Nous plonger enchaînés sous ces vagues profondes,
» Gouffre horrible, habité par les pleurs, les sanglots,
» Où jetés sans pitié, sans retour, sans repos,

» Nous n'aurons devant nous qu'un théâtre de gêne,
» Qu'un abîme de maux et des siècles de peine !
» Quels qu'ils soient, croyez-moi, laissons-là les combats :
» De ce terrible Dieu nous connaissons le bras.
» En vain nous emploîrions ou la force ou l'adresse :
» Eh ! contre ce Dieu fort que peut notre faiblesse ?
» Pouvant tout, réglant tout, voyant tout d'un coup-d'œil,
» Des hauteurs de sa gloire il rit de notre orgueil ;
» Non moins grand pour braver la force audacieuse
» Qu'habile à démêler la ruse insidieuse.
» Quoi donc ! nous, fils du Ciel, habiter les Enfers !
» Plier la tête au joug, tendre les mains aux fers !
» Eh bien, aimez-vous mieux appesantir vos peines ?
» Vaincus, soumettons-nous ; captifs, portons nos chaînes ;
» C'est l'arrêt du Destin, c'est la loi des vainqueurs :
» Tout oser, tout souffrir appartient aux grands cœurs ;
» Nous en avons la force, ayons-en le courage.
» De quel droit se plaint-on ? nos maux sont notre ouvrage ;
» Nous devions les prévoir, quand bravant le hasard
» Notre orgueil contre Dieu déploya l'étendard.
» Je ris, quand je vois ceux dont la haute vaillance
» Affrontait les combats, redouter la souffrance,
» L'exil, l'ignominie, et tous ces maux enfin
» Dont les droits de la force ont fait notre destin.
» Que sais-je ? désarmé par notre obéissance,
» Ce Dieu peut quelque jour adoucir sa vengeance,
» Et, satisfait des maux que nous avons soufferts,
» Nous oublier un jour dans un coin des Enfers.

» Craignons, en répétant ce défi téméraire,
» D'éveiller à la fois ses feux et sa colère ;
» Ses feux s'amortiront ; nos êtres plus parfaits
» De leurs noires vapeurs craindront moins les effets ;
» Le temps adoucit tout ; la puissante habitude
» Rendra ce Ciel plus pur, et ce climat moins rude ;
» Nous-mêmes, pour ces lieux prenant des sens nouveaux,
» D'un œil moins effrayé nous verrons ces tombeaux,
» Et, rendant à nos yeux son horreur familière,
» L'Enfer aura son charme et la nuit sa lumière.
» Voilà mon espérance : Eh ! comptez-vous pour rien
» Le hasard qui souvent change les maux en bien,
» Ce flux et ce reflux d'événements contraires ?
» Hier comblés de biens, aujourd'hui de misères,
» Espérons ; mais craignons par des efforts nouveaux
» D'approfondir l'abîme et d'aggraver nos maux ».

 Tel Bélial, feignant une fausse prudence,
Conseillait moins la paix qu'une lâche indolence.
Mammon parle après lui. « Célestes potentats,
» Quand notre chef s'apprête à de nouveaux combats,
» Il veut ou détrôner le Dieu qui nous outrage,
» Ou de nos droits perdus reconquérir l'usage.
» Ses vœux seront remplis, si, despote incertain,
» Le Hasard peut dompter les arrêts du Destin,
» Ou si, replongeant tout dans la nuit éternelle,
» Le Chaos doit juger cette grande querelle.
» Mais contre le Très-Haut que peut notre courroux ?
» Impuissants contre lui, n'espérons rien pour nous :

» Et quel rang dans le Ciel peut nous tenter encore,
» Si vous n'en bannissez le tyran qu'il adore?
» Eût-il de nos complots proclamé le pardon ;
» Irez-vous, de vos droits consacrant l'abandon,
» D'un vainqueur odieux endurer la présence,
» Jurer à ses genoux une humble obéissance,
» Dans vos serviles mains reprendre l'encensoir,
» Par des hymnes forcés célébrer son pouvoir ;
» Tandis que, sur son trône élevé sur vos têtes,
» Il mettra votre hommage au rang de ses conquêtes,
» Et verra ses autels d'Anges environnés,
» Parfumés d'ambroisie et de fleurs couronnés?
» Allez donc, vous courbant sous ses lois despotiques,
» Lui porter vos tributs, lui chanter vos cantiques ;
» Voilà quel noble emploi vous attend dans les Cieux.
» Que cette éternité d'hommages ennuyeux
» Est pénible à payer au tyran qu'on déteste!
» Soit donc qu'il vous appelle en sa prison céleste,
» Soit que la force en puisse aplanir le chemin,
» N'allez pas, même au Ciel, flatter un souverain.
» Au lieu de mendier un pompeux esclavage,
» Vivons pour nous; nos biens sont notre propre ouvrage;
» Nos biens sont dans nos cœurs ; en ces horribles lieux
» Nous braverons du moins le despote des Cieux.
» Sachez donc préférer, dans ce séjour paisible,
» A l'esclavage heureux la liberté pénible,
» L'obscure indépendance à la pompe des fers.
» Changer nos maux en bien, en succès nos revers,

» Au milieu de l'exil nous faire une patrie,
» A la triste indigence opposer l'industrie,
» Inventer, cultiver les arts ingénieux,
» De la misère active enfants laborieux ;
» Voilà notre grandeur, voilà notre victoire :
» Moins grands sont les moyens, et plus grande est la gloire.
» Ces ombres vous font peur ! Eh ! voyez l'Éternel
» Prendre au sein de la nuit un air plus solennel :
» Aux éclats de la foudre, à la voix des orages
» Grondant profondément dans le sein des nuages,
» Invisible et présent, sans ternir sa splendeur,
» La nuit majestueuse ajoute à sa grandeur.
» Le Ciel a de l'Enfer pris les couleurs funèbres :
» Imitons ses clartés, comme lui nos ténèbres.
» Ici dort enterré plus d'un brillant trésor :
» Nous foulons sous nos pieds les diamants et l'or ;
» Nos mains pour les polir manquent-elles d'adresse ?
» Nous connaîtrons le luxe, enfant de la richesse.
» Et qu'ont de plus les Cieux ? Que dis-je ! nos tourments
» Peut-être deviendront un jour nos éléments :
» De ces feux dont frémit d'abord notre courage.
» Une longue habitude adoucira la rage ;
» L'âge en émoussera l'aiguillon douloureux ;
» Ils changeront pour nous, nous changerons pour eux.
» Tout conseille la paix : aux vengeances divines
» Arrachons nos débris ; réparons nos ruines,
» Profitons de nos biens, adoucissons nos maux,
» Réglons sur notre état nos vœux et nos travaux ;

» Mais fuyons des combats la fortune incertaine.
» La paix est mon avis ». Il finissait à peine,
Qu'un suffrage unanime, approuvant son conseil,
A fait de toutes parts entendre un bruit pareil
A ce murmure sourd qui, le long du rivage,
Au sein des antres creux résonne après l'orage,
Tandis qu'au fond de l'anse où l'effroi le conduit,
Encor tout harassé des travaux de la nuit,
L'heureux nocher s'endort sous les roches profondes,
Assoupi par les vents, et bercé par les ondes :
Tel, autour de Mammon, courut rapidement
D'un murmure flatteur le doux frémissement.
Le conseil de la paix a séduit leur suffrage.
D'un Enfer plus affreux la peur les décourage.
Il leur souvient encor, dans ce terrible lieu,
Du glaive de Michel et des foudres d'un Dieu.
Un espoir orgueilleux les flatte encor peut-être :
Dans ce monde infernal un empire peut naître,
Une cité superbe, un peuple florissant,
Qui, sur l'appui des lois, par degrés s'accroissant,
Étonne un jour l'Enfer de sa magnificence,
Et fasse au Ciel lui-même envier sa puissance.

Belzébuth voit leur trouble; et ce chef que leurs yeux
Virent, après Satan, le premier dans les Cieux,
Se lève environné des respects qu'il inspire,
Et semble en se dressant relever tout l'empire :
Sur son front se lisaient, profondément empreints,
Les sublimes pensers et les vastes desseins.

Majestueux encor dans sa ruine auguste,
A son air imposant, à sa taille robuste,
Il semble que, du trône inébranlable appui,
Le fardeau de l'état pèse en entier sur lui.
Il commence ; et la Nuit dans sa marche tranquille,
Et du Midi brûlant le repos immobile,
Sont moins silencieux que le profond respect
Qu'à la foule attentive imprime son aspect.

« Rois, princes, souverains de la cour éthérée,
» Fils du Ciel (de ces noms vous nommait l'Empyrée),
» Eh bien ! renoncez-vous à ces titres si fiers,
» Et ne serez-vous plus que les rois des Enfers ?
» Je le crois, puisqu'ici l'on médite un empire,
» Et qu'à ce grand projet un peuple entier conspire.
» Imprudents ! quoi ! sitôt avez-vous oublié
» Et ce vainqueur terrible, et ce Dieu sans pitié ?
» Depuis quand ces cachots sont-ils donc des asiles ?
» Pensez-vous en ces lieux, conspirateurs tranquilles,
» Loin de son œil sévère, à l'abri de ses lois,
» Contre lui vous liguer une seconde fois ?
» Le premier, le dernier, toujours grand, toujours sage,
» Son empire est sans borne, et ses droits sans partage ;
» Terrible, il nous atteint jusqu'au fond de l'Enfer ;
» Pour nous son sceptre d'or est la verge de fer.
» Pourquoi, lorsque sur nous gronde encor son tonnerre,
» Délibérons-nous donc sur la paix, sur la guerre ?
» La guerre nous perdit, nous perdit pour jamais,
» Et je ne conçois pas les termes de la paix.

» Quel terme accorderait un maître à ses esclaves,
» Que les fers, les prisons, la gêne, les entraves,
» Et tout ce qu'aux vaincus imposent les vainqueurs ?
» Quel traité, quelle loi convient à vos grands cœurs ?
» De nourrir dans notre âme une haine implacable,
» De harceler sans fin le Dieu qui nous accable,
» D'insulter à la force en conservant l'espoir,
» De secouer ses fers, de miner son pouvoir,
» Et, jusque dans les Cieux troublant sa jouissance,
» Attrister son triomphe et lasser sa vengeance ;
» L'heureuse occasion ne nous manquera pas.
» Mais laissons, croyez-moi, les siéges, les combats :
» Ne livrons point au Ciel un assaut impossible ;
» Son maître est tout-puissant, son trône inaccessible ;
» Ni la force, ni l'art ne peuvent rien contre eux.
» Mais il est des moyens plus sûrs, moins dangereux.
» Si les rumeurs du Ciel ne sont point une fable,
» Au sein d'un nouveau monde, en un lieu délectable,
» Deux êtres fortunés, dignes de leur auteur,
» Doivent sortir bientôt des mains du Créateur,
» Moins excellents que nous, et moins puissants peut-être,
« Mais heureux, mais comblés des faveurs de leur maître ;
» L'arrêt en fut porté dans le sénat du Ciel ;
» Et lui-même, du haut de son trône éternel,
» Jurant dans le Saint-Lieu sa volonté sacrée,
» Dieu de sa voix terrible ébranla l'Empyrée.
» Prisonniers des Enfers, tournons de ce côté
» Nos projets de vengeance et notre activité ;

» Sachons quels habitants peuplent ce nouveau monde;
» Comment ils sont sortis de cette main féconde;
» Quels éléments divers composent leurs ressorts,
» Animent leurs esprits, organisent leurs corps;
» Leur figure, leurs mœurs, leurs vertus, leur faiblesse;
» S'il faut armer contre eux ou la force ou l'adresse.
» En vain les Cieux fermés nous opposent leurs forts,
» En vain leur roi suprême y brave nos efforts :
» Peut-être que ce lieu, sans garde, sans barrière,
» De son vaste royaume occupant la frontière,
» A pour seuls défenseurs ses frêles habitants.
» Là peut-être bientôt quelques faits éclatants
» De ce monde nouveau nous ouvriront l'entrée.
» Que par les feux d'Enfer leur terre dévorée
» Montre à leur Créateur ses grands travaux détruits :
» Ou nous-mêmes plutôt recueillons-en les fruits,
» Et qu'en les bannissant un heureux stratagème
» Nous venge de ce Dieu qui nous bannit lui-même.
» Du moins séduisons-les : que, dégradé par nous,
» L'objet de son amour le soit de son courroux;
» Que sa main se repente et brise son ouvrage.
» Eh! concevez-vous bien tout l'excès de sa rage,
» Si nous pouvons du moins troubler quelques moments
» Le barbare plaisir qu'il goûte en nos tourments?
» Et, parmi ces tourments, quelle douceur extrême,
» Si, reversant nos maux sur les enfants qu'il aime,
» Nous les voyons d'ici maudire ses bienfaits,
» Partager nos malheurs ainsi que nos forfaits,

» Et pleurer dans l'exil sur leur gloire passée,
» Naguère si brillante et sitôt éclipsée !
» Parlez ; qu'aimez-vous mieux ou d'un destin si beau,
» Ou du triste projet de cet état nouveau,
» Monument ténébreux de la nuit éternelle? »

Ainsi de Belzébuth la bouche criminelle
Entretenait l'Enfer de ce complot fatal
Qu'avait d'abord conçu leur monarque infernal.
Eh! quel autre, du mal nous ouvrant la carrière,
Pouvait infecter l'homme en sa source première,
Associer la terre aux fureurs des Enfers,
Et troubler dans les Cieux le roi de l'univers?
Vains efforts qui feront mieux briller sa puissance!

A peine est annoncé le projet de vengeance,
Une effroyable joie étincelle en leurs yeux,
Une ardeur unanime entraîne tous les vœux.
Alors d'un ton plus fier reprenant la parole :

« Combien, dit Belzébuth, cet arrêt me console !
» Nobles états du Ciel, il est digne de vous !
» Un jour peut-être, un jour, à ce tyran jaloux.
» Il peut ravir sa proie, et loin de ces abîmes.
» De leur séjour natal rapprocher ses victimes.
» Peut-être, à cet aspect, plus courageux encor,
» Nous pourrons jusqu'au Ciel poursuivre notre essor ;
» Ou, du séjour divin si le sort nous repousse,
» Il est peut-être, il est une zone plus douce
» Où viendront jusqu'à nous quelques rayons des Cieux:
» Vers le frais Orient nous tournerons nos yeux ;

» Il chassera l'horreur de cette nuit profonde ;
» Là, le printemps enfin rafraîchira le monde,
» Et sur nos corps flétris, que ronge un feu cuisant,
» Un air pur versera son baume bienfaisant.
» Mais qui de nous ira chercher ce beau rivage ?
» Qui de nous, poursuivant ce pénible voyage,
» Seul pourra, dans l'abîme et dans l'immensité,
» Percer de l'infini la vaste obscurité,
» S'avancer, s'enfoncer dans cette nuit palpable ?
» Qui pourra, s'élevant d'une aile infatigable,
» Monter, monter sans cesse, et d'un vol assuré
» Arriver triomphant au terme désiré ?
» Ces postes menaçants, ces nombreux sentinelles
» Qui veillent nuit et jour aux portes éternelles,
» Quelle force ou quel art saura s'en affranchir ?
» Comment les éviter, ou comment les franchir ?
» Plus la tâche est hardie, et plus notre prudence
» D'un choix digne de nous connaîtra l'importance :
» Sur lui tout notre espoir, tous nos vœux sont placés ».
A ces mots il s'assied, et ses regards fixés
Attendent qui d'entre eux, dans la foule indécise,
S'offrira pour conduire où tenter l'entreprise.
Tout se tait ; tous, pesant ce formidable emploi,
Dans la frayeur d'autrui lisent leur propre effroi.
Lui seul, sûr de sa force, et fier de sa puissance,
Satan comme en pouvoir les surpasse en vaillance ;
Il se lève, et du ton qui sied aux souverains :

« Noble race des Cieux, peuple de Séraphins,

» Je ne m'étonne pas si, gardant le silence,
» La valeur une fois écoute la prudence.
» Moins frappés des périls que des difficultés,
» Vos cœurs en sont surpris, et non pas rebutés.
» Des gouffres de la nuit aux champs de la lumière
» La route est rude et longue; une forte barrière
» Défend notre prison; une enceinte de feux
» Environne neuf fois ces cachots ténébreux;
» Et, sur nous à jamais sévèrement fermées,
» Du plus dur diamant leurs portes sont formées :
» Du Dieu qui dans l'abîme a su nous engloutir,
» L'irrévocable loi nous défend d'en sortir.
» Ces obstacles vaincus (si les vaincre est possible),
» Le vide au voyageur offre son gouffre horrible;
» Désert épouvantable, espace inhabité,
» Où de ce qui n'est pas l'œil est épouvanté;
» Royaume du Néant, qui, sans fils, sans ancêtres,
» Triomphe dans la nuit de l'absence des êtres.
» Avec peine échappé des froides régions
» Où meurent avortés les germes inféconds,
» Que voit-il au sortir de cette enceinte obscure?
» Tout l'épouvante encore, et rien ne le rassure;
» Partout des lieux nouveaux, des pays étrangers,
» Ainsi que ses travaux redoublent ses dangers.
» Mais Satan serait-il digne de la couronne,
» Si ce que notre bien ou notre gloire ordonne,
» Sous les traits de la peine ou l'aspect du danger,
» Pouvait jamais l'abattre ou le décourager?

» De quel droit eût Satan reçu le rang suprême,
» Pourquoi ce sceptre oisif et ce vain diadème,
» S'il pouvait de son rang oublier le devoir,
» Et si son dévoûment n'égalait son pouvoir?
» Le trône n'est point fait pour un stérile hommage ;
» Chacun doit sur son rang mesurer son courage.
» Allez donc, de mon sort compagnons glorieux,
» Qui dans le malheur même êtes l'effroi des Cieux ;
» Concertez entre vous ce qui, dans ces demeures,
» De vos jours douloureux peut abréger les heures,
» Tandis que le Destin vous enchaîne en ce lien.
» Cependant redoutez l'œil vigilant d'un Dieu ;
» Il peut contre l'État s'armer de mon absence ;
» Il veille pour ses maux, veillez pour sa défense :
» Moi je vais, à travers l'empire de la mort,
» Chercher votre salut et changer votre sort.
» Seul j'en cours les dangers, seul j'en prétends la gloire,
» Et nous partagerons les fruits de la victoire ».

Il dit, et de la fin du conseil infernal,
Sans souffrir de réplique, il donne le signal.
Il a peur qu'assuré d'un refus qu'il desire,
Aux honneurs du danger l'orgueil jaloux n'aspire,
Ne joigne, en se parant d'un courage trompeur,
La gloire de l'audace aux conseils de la peur,
Et, sans l'être en mérite, égal en récompense,
N'usurpe lâchement le prix de la vaillance.
Son ordre prévient tout ; un signe de leur roi
Plus que tous les dangers les a saisis d'effroi.

Tout se lève, tout part, et leur bruyante foule
Ressemble au son lointain du tonnerre qui roule.
Tous passent devant lui, son air majestueux
Fait fléchir humblement leurs fronts respectueux.
On l'exalte, on l'égale au Créateur suprême :
« Pour le salut de tous il s'immole lui-même! »
S'écriaient-ils en chœur : tant les esprits pervers
Estimaient la vertu, même au fond des Enfers !

 L'assemblée infernale à peine est terminée,
Tous en flattant leur prince achèvent la journée;
Et l'Enfer, de la joie a vu luire un rayon.
Tel quand l'humide autan, vainqueur de l'aquilon,
Sur les monts obscurcis entassant les nuages,
Des champs décolorés flétrit les paysages,
Voile l'astre du jour, et verse en nos climats
Ou la pluie orageuse, ou les tristes frimas ;
Si le soleil, du soir perce la nuit obscure,
Et vient d'un doux adieu saluer la nature,
Tout renaît : les oiseaux reprennent leurs chansons;
Des bêlements joyeux l'écho redis les sons ;
Les forêts, les vallons, les monts se réjouissent :
Tels des rois de l'Enfer les fronts s'épanouissent ;
Tel l'espoir vient sourire à cet horrible lieu,
Tous n'ont plus qu'un besoin, qu'un projet et qu'un vœu :
Ainsi, lorsqu'ici-bas, malheureux que nous sommes,
Les hommes, fils des Cieux, s'arment contre les hommes,
Alliés par la haine, unis par les forfaits,
L'Enfer a sa concorde, et les méchants leur paix.

Le conseil est dissous, la foule se retire ;
Mais les chefs sont restés près du chef de l'empire :
Seul il passe du front leurs fronts audacieux ;
Seul maître, seul rival du souverain des Cieux,
Plus menaçant pour lui que tout l'Enfer ensemble.
Tout son luxe royal autour de lui s'assemble ;
Ses Séraphins armés se pressent alentour ;
Et quatre Chérubins, des quatre points du jour,
Par son ordre embouchant la trompette fatale,
Ont proclamé l'arrêt de la cour infernale :
L'Enfer en retentit, les Cieux l'ont entendu ;
Et par un vaste cri l'armée a répondu.

Alors l'espoir renaît, et, charmant leur tristesse,
L'orgueil présomptueux enhardit leur faiblesse.
Chacun quitte ses rangs, chacun, d'un air distrait,
Suivant sa triste idée ou son instinct secret,
Au lieu propre à charmer les heures douloureuses
Porte ses pas errants et ses langueurs rêveuses,
Attendant que son roi, triomphateur heureux,
Console ses regrets et se rende à ses vœux.
Tel que ces fiers rivaux des joûtes olympiques,
Des combats néméens et des fêtes pythiques,
Les uns, de leur destin, pour tromper la rigueur,
Luttent d'agilité, d'adresse et de vigueur ;
D'autres dans l'air brûlant suspendus sur leurs ailes,
Des flammes devant eux chassent les étincelles ;
L'œil fixe sur le but et prenant leur essor,
D'autres, même en courant, semblent vole encor.

L'un asservit au frein un coursier intrépide;
L'autre effleure la borne en sa course rapide.
Ceux-ci sous les drapeaux rangent leurs légions :
Telles, du Ciel en feu troublant les régions,
On croit voir se heurter les phalanges célestes,
Des désastres fameux avant-coureurs funestes;
Leurs chefs aériens, éblouissants d'éclat,
Viennent, baissent la lance : on se mêle, on combat :
De l'aurore au couchant l'affreux orage gronde.
De leurs bruyants ébats troublant la nuit profonde,
D'autres volent montés sur de noirs tourbillons,
Arrachent des rochers, et se lancent des monts :
Tels on peint les géants aux champs de Thessalie ;
Tel ce vainqueur fameux de l'antique OEchalie,
Dans l'excès des douleurs, de ses terribles mains,
Hercule, de l'OEta déracinait les pins,
Et, plus prompt que la pierre échappée à la fronde,
Lançait Lychas tremblant dans les gouffres de l'onde.
D'autres, d'humeur plus douce, en des vallons secrets,
Calmes et retirés, pour tromper leurs regrets,
Mêlaient au son du luth leur plainte attendrissante;
Ils accusaient le sort d'une voix gémissante,
Le sort qui, trahissant leur espoir abattu,
Sous le joug de la force enchaîna leur vertu.
Ils disent leurs combats, et leurs nobles faits d'armes.
L'orgueil dictait leurs chants; mais ces sons pleins de charmes
(O pouvoir enchanteur des célestes concerts !)
Suspendent leurs tourments, et calment les Enfers;

Chaque accent les transporte, et ces douces merveilles
De la foule en extase enivrent les oreilles.
D'autres, par des discours, charmes bien plus puissants
(Les discours vont à l'âme, et l'harmonie aux sens),
Trompaient plus noblement l'horreur du noir abîme :
A part, sur des hauteurs d'où leur raison sublime
Planait d'un vol hardi sur cet horrible lieu,
Ces esprits immortels s'entretenaient de Dieu;
Ils discutaient ses lois, sa longue prescience
De loin sur l'avenir exerçant sa puissance,
Sa providence auguste, et le terme certain
Où marche d'un pas sûr l'immuable Destin.
De mille objets divers leur âme embarrassée,
De dédale en dédale égarait sa pensée.
Tour-à-tour revenaient, dans leur long entretien,
L'inexplicable énigme et du mal et du bien,
Les vives passions, l'effort qui les surmonte,
La liberté, les lois, et la gloire et la honte;
Le temps, l'éternité, ses plaisirs, ses tourments;
Enfin cet appareil de vains raisonnements,
Efforts ambitieux d'une folle sagesse.
Mais ces discours du moins consolaient leur détresse,
Relevaient leur espoir, ranimaient leur valeur,
Et comme un triple airain endurcissant leur cœur,
Nourrissaient en secret dans ces âmes hautaines
Le courage des maux et le mépris des peines.

 Quelques-uns voyageaient en bataillons nombreux :
Ils s'en allaient cherchant, sur ces bords ténébreux,

Quelque climat plus doux, quelque lieu moins sauvage:
Quatre points différents dirigent leur voyage ;
Ils marchent côtoyant quatre fleuves divers,
Qui dégorgent leurs feux dans les feux des Enfers.
C'est l'Achéron, le Styx, double source de peine,
L'un roulant le chagrin, l'autre exhalant la haine ;
C'est le Cocyte affreux, à qui donna son nom
Des plaintes qu'il entend le lamentable son.
Plus loin le Phlégeton de son onde brûlante
Roule en grondant les feux ; et dans sa marche lente
Le doux Léthé, l'image et l'auteur du repos,
D'un cours silencieux promène en paix ses flots :
A peine on les a bus, avec eux dans les veines
Glisse l'oubli de soi, des plaisirs et des peines.

 Pénétrez-vous plus loin ? soudain à vos regards
Un monde glacial s'offre de toutes parts,
Obscurci de vapeurs, assiégé de nuages,
Séjour des ouragans, théâtre des orages.
Là, des frimas durcis les globules glacés,
Sans se foudre jamais en monceaux entassés,
Ressemblent aux fragments d'une vieille ruine)
Une neige éternelle en gouffre les termine :
Moins profond fut ce lac où plongés par milliers
Gisent ensevelis des bataillons entiers,
Ce lac dont Damiète environne l'abîme,
Et que le Casius aperçoit de sa cime.
Là, le froid brûle tout, et la stérilité,
Ouvrage de l'hiver, croit l'être de l'été.

Là, mille affreux Démons, aux serres de harpie,
Quand les temps sont venus, plongent leur foule impie;
Malheureux qui, portés des feux dans les frimas,
Vont changeant de supplice en changeant de climats,
Et souffrent tour-à-tour, par un contraste horrible,
Ce que leur double excès offre de plus terrible :
Le changement lui-même ajoute à leur tourment.
Au sortir de ce feu, qui brûle incessamment,
La glace tout-à-coup ressaisit ses victimes.
Plongés, emprisonnés au sein des froids abîmes,
Ils appellent en vain, dans l'excès des douleurs,
Et la flamme éthérée et ses douces chaleurs :
Vain espoir, retenus dans ces chaînes de glace,
Leur corps transi n'est plus qu'une immobile masse.
Enfin le temps revient qui rend ces malheureux
De leur couche de glace à leurs tombeaux de feux.
Pour ajouter encore à leurs douleurs profondes,
Du Léthé, sans les boire, ils traversent les ondes;
Inclinés vers ces eaux où la douleur s'endort,
En vain pour les atteindre ils redoublent d'effort;
Pour finir tous leurs maux, vainement dans leur route
Leur bouche haletante en implore une goutte,
Un goutte légère ! Au moment d'y toucher,
Un barbare destin leur défend d'approcher :
Une horrible furie, au regard de gorgone,
Fait siffler ses serpents; elle accourt, elle tonne;
Et, comme de Tantale il fuyait autrefois,
Le flot trompe leur soif, et s'écarte à sa voix.

LIVRE II.

Ainsi ces voyageurs, errant de plage en plage,
De ces lugubres lieux, leur fatal apanage,
Pâles, l'œil égaré, frissonnant de terreur,
Pour la première fois ont aperçu l'horreur :
Nulle part le repos et partout la souffrance.
C'est en vain qu'enfoncés dans ce désert immense,
Leurs pas ont parcouru des royaumes affreux,
Et des Alpes de glace et des Alpes de feux ;
Ils marchent, le deuil croît, la nuit double ses ombres ;
Précipices, rochers, marais, cavernes sombres,
Montrent au désespoir, averti de son sort,
Le monde des douleurs, le monde de la mort ;
Monde où la vie expire, où la mort est vivante,
Où la Nature a peur des êtres qu'elle enfante,
Êtres défigurés, informes, monstrueux,
Effroi de la pensée, épouvante des yeux ;
Fantômes plus hideux, monstres plus effroyables
Que ceux que fit la peur, qu'inventèrent les fables,
Euménide, gorgone, hydre, lardes, dragons.
Tels sont ces lieux maudits, éternelles prisons
Où souffrant, exerçant la céleste justice,
Tout est crime ou vengeance, ou terreur ou supplice,
Où du Ciel même enfin le ministre infernal,
Le mal, seul fait le bien en châtiant le mal.

Mais déjà, le cœur plein de ses projets rebelles,
Satan part enlevé sur ses rapides ailes ;
En deux contraires sens, par des chemins divers,
Il vole, il va chercher la porte des Enfers.

Tantôt vers l'horizon il dirige sa route,
Et tantôt il s'élance à leur brûlante voûte.
Ainsi, lorsqu'il a pris son périlleux essor,
Des rives du Bengale, ou des mers de Tidor,
De l'Inde rapportant la moisson odorante,
Un navire au printemps poursuit sa marche errante,
Dirige vers le Cap ses rapides sillons ;
De l'onde éthiopique il fend les tourbillons ;
Rase l'humide plaine, ou plonge dans l'abîme ;
Descend avec les flots, ou monte sur leur cime :
Le jour, la nuit, il court de l'un à l'autre bord,
Et ses détours savants le conduisent au port.
Tel voyageait Satan : ainsi d'un vol rapide
Ses ailes louvoyaient et nageaient dans le vide.
Enfin il touche au terme, et son œil enchanté
De la voûte infernale a vu l'extrémité ;
Il a vu des Enfers la porte redoutable.

De trois battants d'airain, trois d'un fer indomptable,
Trois du roc le plus dur, invincibles remparts,
Qu'un feu toujours brûlant enceint de toutes parts,
Dieu lui-même forma ces portes éternelles.
Deux monstres au-devant, hideuses sentinelles,
Placés aux deux côtés, en défendent l'accès ;
L'un, d'un visage aimable offrant aux yeux les traits,
Paraît femme à moitié ; l'autre moitié serpente
Et traîne les longs plis de sa masse rampante :
Un fouet arme ses mains ; tous les chiens des Enfers
Autour d'elle attachés font retentir les airs

D'aboîments plus affreux que les voix de Cerbère;
Ou, rentrant effrayés dans le sein de leur mère,
Redoublent leurs clameurs, et, fils dénaturés,
S'agitent en hurlant dans ses flancs déchirés :
En proie aux chiens hideux dont la meute l'assiége,
Scylla traîne après elle un moins affreux cortége;
Une cour moins affreuse accompagne dans l'air
L'horrible enchanteresse, en pacte avec l'Enfer,
Lorsque flairant le sang d'une jeune victime,
Et l'effroyable orgie où l'invite le crime,
Des filles du Lapon qui servent ses fureurs,
A sa danse nocturne elle appelle les chœurs,
Et des nuits, dans sa route, arrêtant la courrière,
Fait descendre son char et pâlir sa lumière.

D'un aspect plus horrible et de traits plus hideux,
L'autre figure encore épouvante les yeux
(Si l'on peut de ce nom nommer un vain fantôme,
Tel que ceux dont la fable emplit le noir royaume,
Ou tel que la vapeur qui paraît et n'est plus,
Sans forme, sans substance, être vague et confus),
Mais des plus noirs démons l'aspect est moins horrible,
La nuit est moins lugubre et l'Enfer moins terrible.
Il se lève, un long dard s'agite dans sa main ;
Une ombre de couronne est sur son front hautain.
Il marche vers Satan; ou plutôt il s'élance;
Chaque élan est terrible, et chaque pas immense :
Jusqu'en ses fondements l'Enfer en a tremblé.
Satan en est surpris sans en être ébranlé;

Satan dont Dieu lui seul peut troubler le courage,
L'observe avec dédain, et lui tient ce langage :
« Qu'es-tu ? que me veux-tu ? réponds, spectre odieux !
» Prétends-tu me fermer les portes de ces lieux ?
» Malgré toi, je saurai m'en ouvrir la clôture ;
» Fuis, porte loin de moi ta hideuse figure,
» Ou ce bras t'apprendra si ton sceptre infernal
» Doit d'un enfant des Cieux se prétendre l'égal ».

« Toi-même, lui répond le fantôme en colère,
» Qu'es-tu ? verrais-je ici cet Ange téméraire
» Qui, traître à l'Éternel, ligueur audacieux,
» Dans sa perte entraîna ces habitants des Cieux
» Dont leur maître long-temps chérit l'obéissance ?
» Eux et toi, qu'êtes-vous ? bannis de sa présence,
» De malheureux proscrits condamnés à jamais
» A recevoir ici le prix de vos forfaits ?
» De quel droit, relégué dans ce cachot funeste,
» Oses-tu t'appeler un habitant céleste,
» Et (dût ce mot encor t'irriter contre moi)
» M'insulter dans ma cour et provoquer ton roi ?
» Fuis, retourne expier tes trames criminelles ;
» Fuis, dis-je ; ton salut a besoin de tes ailes.
» Si tu tardes, ce bras, lâche et vil déserteur,
» Va, d'un fouet de serpents, châtier ta lenteur ;
» Ou ce dard, te perçant de mortelles blessures,
» Te fera de l'Enfer regretter les tortures ».

Tel parle en menaçant le fantôme irrité,
Et son courroux ajoute à sa difformité.

Incapable d'effroi, mais frémissant de rage,
Satan avec fureur écoute ce langage ;
D'éclairs étincelants ses yeux sont allumés.
Moins fier, moins menaçant, l'astre aux crins enflammés,
Lorsque d'Ophiuchus embrassant les étoiles,
Des longues nuits du Nord il déchire les voiles,
Vole et secoue au loin sur les peuples tremblants
Et la peste homicide et les combats sanglants.
Soudain au coup fatal l'un et l'autre s'apprête ;
Tous les deux l'un de l'autre ils menacent la tête,
Se mesurent de l'œil sans s'attaquer encor :
Tels, dans l'air emportés par un rapide essor,
Deux nuages rivaux, roulant un double orage,
Tout prêts à se heurter, ont suspendu leur rage,
Jusqu'à l'heure où les vents au céleste arsenal
De l'horrible décharge ont donné le signal,
Opposant le tonnerre au tonnerre qui gronde,
Et de leur choc terrible épouvante le monde.
Tels étaient ces rivaux, tels leurs fronts sourcilleux
Semblaient rendre l'Enfer encor plus ténébreux :
Ainsi que leur vigueur, leur audace est égale ;
Mais, tout vaillants qu'ils sont, leur puissance infernale
Quelque jour doit connaître un plus grand ennemi ;
Maintenant tout l'Enfer, de leur lutte eût frémi,
Si tout-à-coup, jetant des cris épouvantables,
Le monstre qui gardait ces portes redoutables
Dont la terrible clef fut remise en sa main,
Tout tremblant de frayeur n'eût accouru soudain.

Pâle, il se jette entre eux, les écarte et s'écrie :
« O mon père ! pourquoi cette aveugle furie !
» Peux-tu, dans tes transports, parricide rival,
» A ton unique enfant porter le coup fatal ?
» Et toi, mon fils, peux-tu t'armer contre ton père ?
» Ce Dieu dont la justice, ou plutôt la colère,
» Médite notre perte, il rit du haut des Cieux
» De te voir seconder ses projets odieux.
» Ignores-tu qu'un jour sa main doit nous confondre ? »
　　Satan à ce discours se hâte de répondre :
« Tes cris et ta prière ont arrêté mes coups,
» Et je veux bien encor suspendre mon courroux.
» Mais, réponds, d'où te vient ce bizarre assemblage,
» Objet nouveau pour moi sur ce fatal rivage ?
» Comment suis-je ton père ? et ce monstre hideux
» Comment est-il mon fils ? lui qui devant mes yeux
» N'avait paru jamais, et de qui la figure
» Fait horreur à la vue, et honte à la nature ! »
« —Eh quoi ! lui répondit la garde de l'Enfer,
» Méconnais-tu l'objet à tes amours si cher,
» Celle que tu nommais ta fille bien-aimée,
» Et de qui dans les Cieux ta vue était charmée ?
» Souviens-toi qu'au milieu de ce séjour divin,
» Lorsque nous conjurions contre son souverain,
» D'incroyables douleurs tout-à-coup te surprirent,
» Ta tête s'étourdit, tes regards s'obscurcirent,
» Ta raison disparut, ta force te quitta,
» Ton front lança des feux, s'ouvrit et m'enfanta.

» Jeune, brillante, armée ainsi qu'une déesse,
» Et portant dans mes traits ta grâce enchanteresse,
» La Révolte est le nom dont le Ciel m'appela.
» Tout, malgré ma beauté, devant moi recula ;
» Tout vit dans ma naissance un sinistre présage :
» Mais ces traits enchanteurs, ta plus fidèle image,
» Regagnèrent les cœurs en séduisant les yeux :
» Tous ceux pour qui j'étais un objet odieux,
» Au plaisir de me voir bientôt s'accoutumèrent.
» Mais c'est toi, toi surtout que mes yeux enflammèrent,
» Dans mes traits adorés tu chérissais tes traits :
» Le plaisir nous unit, et de nos feux secrets
» Bientôt je sentis croître et palpiter le gage.
   » La guerre dans le Ciel vint armer ton courage ;
» Dieu vainquit ; Dieu peut-il ne pas vaincre ? Ces feux
» Reçurent nos guerriers précipités des Cieux :
» Je les suivis. Alors en mes mains fut remise
» La clef de cette porte à ma garde commise,
» Dont moi seule à mon gré dispose désormais,
» Et que les plus hardis ne franchirent jamais.
» Ici je demeurai pensive et solitaire ;
» Bientôt mon sein grossit, je souffris et fus mère.
» Je reconnus ce fruit de nos amours affreux ;
» L'Enfer avec effroi vit cet enfant des Cieux,
» Et le déchirement que causa sa naissance
» A mes plaisirs passés égala ma souffrance ;
» De là vient dans mon corps ce hideux changement.
» Le fruit de nos amours naquit pour mon tourment

» Il sortit brandissant sa lance meurtrière,
» Cette lance, l'effroi de la nature entière !
» Loin de lui je partis, précipitant mes pas,
» N'osant tourner la tête, en criant : LE TRÉPAS !
» A cet horrible nom ces cavernes frémirent ;
» Leur gouffre en retentit, leurs voûtes en gémirent ;
» Et proclamant le roi de ses affreux états,
» Tout l'Enfer répondit : LE TRÉPAS ! LE TRÉPAS !
» Je fuyais, mais en vain : il poursuivit sa mère,
» Plus brûlant de débauche encor que de colère,
» M'atteignit, m'accabla d'embrassements affreux ;
» Moi sa mère ! De là tous ces monstres hideux
» Qui sans cesse conçus et reproduits sans cesse,
» Exercent contre moi leur fureur vengeresse.
» Du sein qui les fit naître à peine ils sont lancés,
» Dans ce sein malheureux tout-à-coup enfoncés,
» Ils rongent, en hurlant, leur déplorable mère :
» Ce flanc est leur berceau, ce flanc est leur repaire,
» Et, de leur faim cruelle éternel aliment,
» Comme pour leur fureur renaît pour son tourment.
» Ce monstre, dont je suis la mère et la victime,
» A grands cris contre moi sans cesse les anime ;
» Et lui-même bientôt, faute d'autre festin,
» Sur l'auteur de ses jours assouvirait sa faim ;
» Mais il sait qu'à mon sort s'unit sa destinée,
» Avec moi triomphante, avec moi terminée :
» Ainsi l'a prononcé le pouvoir souverain.
» Mais toi, crains de braver sa redoutable main.

» En vain le Ciel forma ton armure céleste,
» Mon père, tout succombe à son pouvoir funeste,
» Et nul, hors l'Éternel, ne résiste à ses coups. »
　　Alors l'adroit Satan répond d'un ton plus doux :
« Ma fille, puisqu'en moi tu réclames un père,
» Puisque, me rappelant une flamme si chère,
» Tu rends à ma tendresse un enfant précieux,
» Gage de nos amours dans les palais des Cieux,
» De ces amours si doux dans les temps de ma gloire,
» Et dont je n'ai gardé que la triste mémoire,
» Depuis que, foudroyés de coups inattendus,
» Dans ce gouffre infernal nous sommes descendus,
» Ne crains point qu'en ces lieux l'inimitié m'amène ;
» L'amour en te voyant conjurerait la haine :
» Toi, ton fils, ces guerriers, qui, sous les mêmes coups,
» Dans les mêmes malheurs sont tombés avec nous,
» Défenseurs généreux de nos droits légitimes,
» Je viens vous arracher à ces profonds abîmes.
» Seul chargé par l'Enfer d'un périlleux emploi,
» Victime volontaire, et n'exposant que moi,
» Seul je m'enfoncerai dans ce désert immense
» Où finit la nature, où le vide commence.
» J'irai, je chercherai dans ces vastes déserts
» Ce monde tant de fois prédit à l'univers.
» Si j'en crois mes calculs, il est créé, ce monde
» Où des êtres nouveaux, dans une paix profonde,
» Trouvant un autre Ciel dans les confins des Cieux,
» Foulent dans un air pur un sol délicieux :

» Êtres favorisés, que leur souverain maître
» A repeupler le Ciel a destinés peut-être.
» Mais ce Dieu loin de lui les retient pour un temps;
» Il a peur que les Cieux, surchargés d'habitants,
» A des troubles nouveaux ne soient livrés encore.
» Qu'il ait formé ce plan, ou d'autres que j'ignore,
» Adieu, je pars ; je vais reconnaître ces lieux ;
» Et reviens vous conduire en cet asile heureux,
» Où, par les voluptés remplaçant les supplices,
» Libres, rassasiés d'innombrables délices,
» Toi, ton fils, vous pourrez, invisibles aux yeux,
» Vous glisser en secret dans l'air silencieux,
» Vous embaumer de fleurs, vous inonder de joie,
» Et jouir triomphants de votre immense proie ».

D'allégresse à ces mots tout leur cœur tressaillit ;
Par un sourire affreux le Trépas l'accueillit,
Chacun, croyant déjà dévorer ses victimes,
Jouit, l'un de sa proie, et l'autre de ses crimes.
La Révolte à Satan adresse alors ces mots :

« Seule je tiens ici la clef de ces cachots :
» Par l'ordre du Très-Haut j'en suis dépositaire ;
» J'en réponds à lui seul ; et ce maître sévère,
» Si ce dépôt sacré passait en d'autres mains,
» Menace de venger ses ordres souverains.
» Rien ne peut violer la porte inviolable :
» Si quelqu'un le tentait, terrible, inébranlable,
» Le Trépas, plus puissant que ce triple rempart,
» A l'audace imprudente opposerait son dard :

» Tous les pouvoirs vivants cèdent à sa puissance.
» Mais quels droits a sur moi ce Dieu dont la vengeance
» Me plongea dans ce gouffre, où moi, fille des Cieux,
» Condamnée à remplir mon office odieux,
» Au milieu des tourments et de l'ignominie,
» Éprouvant les horreurs d'une longue agonie,
» J'entends incessamment gronder autour de moi
» Ces monstrueux enfants, mon fléau, mon effroi,
» Qui déchirent mon sein et vivent de leur mère?
» Que mes fils soient ingrats, je dois tout à mon père.
» Quels droits sont plus sacrés? C'est toi, toi qui bientôt
» Vas me porter, du fond de cet affreux cachot,
» Dans ce brillant séjour, dans ces belles demeures,
» Où le bonheur sans fin mesurera mes heures,
» Où, siégeant à ta droite, au sein d'un doux loisir,
» Mes jours voluptueux renaîtront au plaisir,
» Sûre d'un vaste empire et d'un règne prospère,
» Digne enfin de ta fille et digne de mon père ».
De sa noire ceinture elle arrache, à ces mots,
La clef, la clef terrible, instrument de nos maux;
Sur son corps de dragon, part, se roule, se traîne
Vers la porte fatale, et soulève sans peine
L'épouvantable poids de la herse de fer
Que n'ébranleraient pas tous les bras de l'Enfer.
Alors l'énorme clef dans la vaste ouverture
Plonge, tourne, et parcourt l'infernale serrure.
Des barres, des verroux, du fer et de l'airain,
Les obstacles vaincus sont un jeu de sa main,

Soudain des deux côtés, sous cette main puissante,
Recule avec effroi la porte obéissante;
Loin d'elle comme un trait ses battants ont volé,
Et sur leurs vastes gonds, en grondant, ont roulé :
Tout l'Enfer en mugit; et de la nuit profonde
La porte attend déjà les ruines du monde.
Le pouvoir qui l'ouvrit ne saurait la fermer.
Tout ce que dans son sein l'Enfer peut renfermer,
Une armée en bataille et son ordre de guerre,
Ses coursiers, ses drapeaux, ses chars et son tonnerre,
Ses légions sans nombre élargissant leurs rangs,
Par elle iraient de front aux gouffres dévorants.

 Tout-à-coup, à travers des torrents de fumée,
Un feu brûlant jaillit de la nuit enflammée;
La voûte au loin s'éclaire; alors de toutes parts
L'espace illimité se montre à leurs regards :
Là viennent s'abîmer le temps et l'étendue;
Là, dans l'immensité la grandeur est perdue;
Là rien n'est élevé, ni large, ni profond :
C'est un désert sans borne, un océan sans fond,
Où s'engloutit l'espace, où s'épuisent les nombres.
Là, parmi la discorde, et le bruit, et les ombres,
Règnent l'antique Nuit, le Chaos désastreux,
De la riche Nature ancêtres ténébreux;
Anarchiques tyrans de ce berceau du monde,
Sur la confusion leur puissance se fonde :
Là, combattent sans but, sans ordre, sans repos,
Les embryons de l'air, de la terre et des flots.

Et le froid et le chaud, et le sec et l'humide,
Tumultueux rivaux, se heurtent dans le vide,
Et mènent aux combats leurs atomes errants.
Chacun a ses drapeaux et ses chefs différents :
Tout fiers de leur armure, ou légère ou pesante,
Unis ou raboteux, leur marche est prompte ou lente ;
Ils vont, égaux en nombre à ces sables mouvants,
Qu'au désert de Cyrène ont enlevés les vents,
Pour lester de ce poids leurs ailes trop légères.
 De ces états changeants puissances passagères,
Tous ceux qui, dans ce choc de bruyants tourbillons,
Ont de rangs plus nombreux grossi leurs bataillons,
Sont les rois du moment. Juge des noirs royaumes,
Le Chaos règle seul ces débats des atomes,
Ajoute à leurs discords son bizarre décret,
Et le Hasard aveugle exécute l'arrêt.
Tel est ce vaste abîme et cette enceinte obscure,
Berceau, peut-être un jour tombeau de la Nature,
Sans mer et sans rivage, et sans feux et sans airs,
Où luttent à jamais les principes divers :
A moins que l'Éternel, de leur masse inféconde,
Ne fasse encor d'un mot jaillir un nouveau monde.
 Là, s'arrête Satan, pensif, silencieux ;
De ces bords dans l'espace il jette au loin les yeux :
Ce trajet ne veut pas un courage vulgaire.
Déjà des ouragans la fougueuse colère,
Des mondes fracassés le choc impétueux,
Apportent jusqu'à lui leurs sons tumultueux :

Tels (si les grands objets aux petits se comparent),
Quand du terrible Mars les assauts se préparent,
Avec un long fracas, de leurs coups répétés,
Les foudres, en grondant, renversent les cités :
Le Ciel même écroulé, les éléments en guerre,
De ses vieux fondements déracinant la terre,
L'épouvanteraient moins. Tel qu'on voit sur les mers
Un vaisseau dérouler ses voiles dans les airs,
Satan a déployé ses gigantesques ailes :
Il part, frappant du pied, vers des voûtes nouvelles,
Et, dans l'air ténébreux traçant de longs sillons,
Il s'enlève emporté par de noirs tourbillons.
Alors d'un vol rapide, à travers les orages,
Il monte, audacieux, sur un char de nuages ;
Mais ce trône léger se dérobant sous lui,
Un vide inattendu le laisse sans appui :
Des ailes qu'il agite accusant l'impuissance,
Il tombe, il redescend le long du gouffre immense ;
Il poursuit en tombant, et tomberait encor,
Si l'amas vaporeux qui lui rend son essor
Par un nouvel élan n'eût renvoyé sa masse
Plus loin qu'il n'est tombé des hauteurs de l'espace.
Tout-à-coup il s'arrête : il rencontre dans l'air
Un sol qui, sous ses pas, n'est ni terre ni mer.
Il aborde ; il parcourt ce sol sans consistance,
D'un climat sans chaleur indigeste substance ;
Il va, vient ; et marchant et volant à moitié,
Battant l'air de son aile et le sol de son pié,

Il appelle à la fois et la voile et la rame.
Par la difficulté son courage s'enflamme :
Et tel que le griffon, avide amant de l'or,
Quand l'adroit Arimaspe a ravi son trésor,
Par les champs, par les monts, de ses pieds, de ses ailes,
Court, arrive, et l'arrache à ses mains criminelles ;
Avec la même ardeur le prince des Enfers
Tente mille moyens, mille chemins divers ;
De ses mains, de ses pieds, de sa superbe tête,
Il combat, il franchit l'ouragan, la tempête,
Les défilés étroits, les gorges, les vallons,
L'air pesant ou léger, et la plaine et les monts,
Les rocs, le noir limon qu'un flot dormant détrempe ;
Va guéant ou nageant, court, gravit, vole ou rampe.

 Bientôt de vastes cris, un horrible fracas,
Et des murmures sourds, et de bruyants éclats,
A travers les horreurs de ce lieu lamentable,
Apportent jusqu'à lui leur son épouvantable.
Vers ces lieux turbulents il marche sans effroi,
Veut savoir quel esprit ou quel étrange roi
Y règne au sein du trouble, et de ce noir empire
S'informe quel chemin au jour peut le conduire.
Sur un trône élevé dans un vaste désert,
Soudain le vieux Chaos à ses yeux s'est offert ;
La Nuit, l'antique Nuit, en vêtements funèbres,
Partageant son pouvoir, lui prête ses ténèbres :
Près d'eux l'affreux Orcus, et celui dont le nom
Fait trembler tout l'Enfer, le fier Démogorgon,

11.

Et l'aveugle Hasard, et les Rumeurs errantes,
Et la Dissension aux cent voix discordantes,
Du monarque insensé forment la digne cour.
 « Princes, divinités de ce sombre séjour,
» Dit Satan d'un ton fier, noir Chaos, Nuit antique,
» Dont le trouble chérit le pouvoir anarchique,
» Ne craignez rien de moi ; mes regards indiscrets
» Ne viennent point sonder vos augustes secrets.
» Poussé dans ces climats, écarté de ma route,
» Seul je voyage ici. Vous m'apprendrez sans doute
» Quel chemin le plus court conduit au point douteux
» Où votre noir royaume avoisine les Cieux.
» Là, si le roi du Ciel, usurpateur inique,
» Envahit une part de ce domaine antique ;
» J'en cherche le chemin, osez me l'enseigner ;
» Le prix de ce bienfait n'est pas à dédaigner :
» Les états usurpés par un voisin injuste
» Par moi seront rendus à votre empire auguste ;
» Et, pour vous, du Soleil oubliant la clarté,
» Reprendront leur antique et sombre majesté.
» Ainsi, chacun de nous aura sa récompense :
» L'empire est votre prix, et le mien la vengeance ».
 Ainsi parla Satan. Le maître du Chaos
D'un air embarrassé lui bégaya ces mots :
« Étranger, je connais et ton nom et ta gloire :
» C'est toi qui contre Dieu disputas la victoire ;
» L'Éternel triompha, tu perdis ta splendeur,
» Mais ta déroute même atteste ta grandeur :

» Je la vis, l'entendis (et sans se faire entendre,
» Certe, une telle armée ici n'a pu descendre);
» J'ai vu, j'en tremble encor, tomber ces fiers esprits,
» Phalange sur phalange, et débris sur débris :
» Désordre épouvantable aux yeux du Chaos même !
» Bien plus nombreux encor, du monarque suprême
» Les bataillons vainqueurs, fondant du haut des airs,
» Poursuivaient les vaincus jusqu'au seuil des Enfers.
» Moi, tranquille aux confins de mon état modeste,
» Je cherche à m'assurer de ce peu qui me reste.
» Vos troubles chaque jour combattent contre nous :
» Cet Enfer où du Ciel vous plongea le courroux,
» La plus belle moitié de mon vieil héritage,
» Qui, placé sous mes pieds, fut long-temps mon partage,
» Pour former vos prisons, il me fut arraché,
» Par une chaîne d'or sur mon trône attaché,
» Un monde me restait et flottait sur ma tête ;
» Ce même Dieu pour l'homme en a fait sa conquête.
» Si la terre est le but où s'adressent tes vœux,
» Prends courage ; elle touche à ce côté des Cieux
» D'où vous précipita ce despote suprême :
» Tant l'ennemi de près me menace moi-même !
» Pars, sème la discorde, et le trouble, et les pleurs ;
» Confonds le Ciel, la Terre, et vaincus et vainqueurs :
» Le trouble est mon triomphe, et les maux sont mes fêtes».

 Satan, sans répliquer, s'envole à ses conquêtes.
A travers les horreurs de ce lugubre lieu,
Il s'élève, il s'élance en colonne de feu,

Traverse le Chaos et l'empire du Trouble.
Ainsi que son danger son courage redouble :
Avec bien moins d'effort et bien plus de terreur,
Jadis Argo, fendant le Bosphore en fureur,
Entendaient se heurter les roches menaçantes;
De l'horrible Scylla les meutes aboyantes;
Charybde engloutissant et vomissant les flots,
D'Ithaque de moins près menaçaient le héros.

 Il triomphe de tout ; mais, ô prodige étrange !
Quand l'homme fut tombé sur les pas de l'Archange,
La Révolte et son fils, d'un art audacieux,
Suspendirent un pont qui du gouffre odieux
Jusques au nouveau monde embrassa tout l'espace :
Dieu voulut que l'Abîme endurât cette audace.
Par lui la Terre encor communique aux Enfers ;
Par lui favorisé dans ses desseins pervers,
Serpent insidieux, dragon brûlant de rage,
Le noir Démon poursuit son éternel voyage,
Va, revient, et séduit ou punit tout mortel
Qu'abandonnent la grâce ou les Anges du Ciel.

 Enfin l'air s'éclaircit : un naissant crépuscule
Dans l'ombre s'insinue ; et, telle que recule
Une armée à l'aspect d'un ennemi nombreux,
Timide, et repliant ses drapeaux ténébreux ;
Avec ses flots grondants qui font place au silence,
Le noir Chaos s'éloigne, et le Monde s'avance.
Satan, au jour douteux qui luit sur ces cachots,
D'une mer plus tranquille a traversé les flots ;

Là, sa course est plus prompte et moins laborieuse :
Et tel qu'une nef, bientôt victorieuse,
Avec ses mats rompus tente un dernier effort,
Atteint enfin la rade et va toucher au port ;
Tel, vainqueur de l'abîme, et gagnant le rivage,
Satan vogue et finit son périlleux voyage.
A travers des vapeurs qui ressemblent à l'air,
Tout-à-coup il s'arrête au bord de cet mer,
Et de loin, suspendu sur son aile puissante,
Il contemple des Cieux la voûte étincelante :
Leur forme à ses regards se perd dans leur grandeur,
Mais ses yeux éblouis admirent leur splendeur,
Et leurs murs de saphir, et leurs palais d'opale ;
Ces palais, autrefois sa demeure natale,
Et des Anges heureux délectable séjour !
De là, près du flambeau qui remplace le jour,
Égalant en grandeur la moindre des étoiles
Dont la Nuit radieuse illumine ses voiles,
Avec la chaîne d'or qui la suspend aux Cieux,
La Terre tout-à-coup se présente à ses yeux :
Aussitôt, méditant son affreux stratagème,
Il part : malheur au monde, et malheur à lui-même !

FIN DU LIVRE DEUXIÈME.

REMARQUES
SUR LE LIVRE DEUXIÈME.

Ce chant est presque dans toute son étendue de la plus grande beauté. C'est avec un goût infini que Milton, en peignant l'ouverture d'une assemblée où doivent se traiter les plus grands intérêts, environne Satan, le chef des rebelles, de toute la magnificence royale. Cette description pompeuse du luxe des Enfers frappe vivement l'imagination, et augmente la vraisemblance de la lutte terrible qui se prépare entre le prince des Enfers et le souverain du Ciel. Un des plus grands mérites de Milton, c'est la conformité qu'il a établie entre les actions et les discours des différents personnages, et le caractère qu'il leur a donné. La supériorité et la majesté de Satan se déploient d'une manière admirable dans toutes les circonstances où le génie de l'auteur l'a placé, dans la manière adroite et noble avec laquelle il ouvre et ferme les débats, dans la hardiesse qui le fait se charger seul d'une entreprise dont la seule proposition a fait reculer d'effroi toutes les puissances de l'Enfer, dans l'intrépidité qu'il montre à l'aspect des deux fantômes qui en gardent les portes, dans le courage qui le conduit à travers tous les dangers de son périlleux voyage.

Après avoir donné à Satan l'audace et la majesté, il donne toute la rage du désespoir à Moloch, cet Ange féroce, à qui, depuis, la terre offrit des victimes humaines. Milton seul, nourri de toutes les idées d'indépendance et de révolte contre l'autorité, pouvait prêter à ce personnage ce caractère de férocité et de haine profonde qui règne dans son épouvantable discours, un des plus estimés et des plus éloquents qu'il ait fait tenir dans cette assemblée de rebelles.

Vengeance ! guerre ouverte à l'auteur de nos maux !

C'est par cette brusque et impétueuse exclamation qu'il débute; et le reste du discours y répond. Ce caractère farouche et violent de Moloch contraste parfaitement avec la souplesse insidieuse, l'odieuse personnalité de Bélial, qu'il peint comme le plus beau et le plus vicieux des Anges tombés du Ciel : la bassesse de ses sentiments le détermine en faveur de la résignation et de la patience ; et, conformément au caractère que l'auteur lui a donné, il préfère la sécurité de la soumission aux dangers de la guerre. La même convenance se trouve dans le discours de Mammon, cet Ange qui, dans le Ciel, suivant l'expression de Milton, préférait aux visions béatifiques le pavé des Cieux, dont ses regards baissés contemplaient sans cesse l'or et les pierreries; il rejette aussi tous les projets de guerre, et se console de la perte des Cieux par les richesses qu'il espère trouver dans l'Enfer.

Le mélange d'audace et de prudence qui caractérise le discours de Belzébuth semble un instant éclipser Satan lui-même; mais le prince des Enfers reprend tous ses avantages, par la hardiesse avec laquelle il se charge seul de la périlleuse entreprise d'aller visiter le séjour du premier homme, et de le précipiter, par la désobéissance, du rang où le Créateur l'a placé.

Il était difficile, pendant l'absence de Satan, d'occuper les Anges rebelles dans leur empire infernal; Milton s'est souvenu alors des jeux qu'ont décrits Homère et Virgile, et des différentes joûtes auxquelles s'exercent les héros de leurs poëmes. Il a inventé aussi des jeux destinés à charmer les loisirs de ces Anges exilés du Ciel; mais ces jeux manquent absolument d'intérêt. Dans Virgile et dans Homère, la victoire est balancée, les différentes chances des combats sont variées avec un art infini : ces grands spectacles ont un intérêt religieux; il s'agit dans l'un des honneurs funéraires d'Hector, dans l'autre de ceux d'Anchise. Mais un morceau charmant est celui où Milton peint ces Anges malheureux se livrant à des promenades mélancoliques, visitant tristement les différentes parties de leur lugubre domaine; quelques-uns, plus intéressants encore, prenant leur lyre, chantant leurs malheurs, et charmant, par les douceurs de l'harmonie, les tristes souvenirs de leur défaite et de leurs revers.

c'est avec moins de goût qu'il a représenté ces Anges se livrant à des discussions de métaphysique et de théologie, s'entretenant de la fatalité, de la grâce et de la prédestination, etc.

Vient ensuite la fameuse allégorie du Péché et de la Mort, trop blâmée par les uns, trop louée par les autres. C'est ici le cas de rappeler à ceux qui trouvent ce morceau dégoûtant, ces vers de l'*Art poétique* de Boileau :

Il n'est point de serpent, ni de monstre odieux,
Qui, par l'art imité, ne puisse plaire aux yeux :
D'un pinceau délicat l'artifice agréable
Du plus affreux objet fait un objet aimable.

Quoi qu'en disent quelques critiques, les gens de goût seraient fâchés de voir retrancher de l'*Énéide* la peinture bien plus dégoûtante des Harpies; elle jette de la variété dans le récit, et elle a fourni au poète l'occasion toujours précieuse de vaincre de grandes difficultés, et de corriger, par la décence de l'expression, ce que le sujet de cette peinture offre de révoltant. Peut-être aussi aucun des apologistes de Milton n'a fait à ses critiques la réponse la plus juste et la plus convenable. Milton a dû peindre non-seulement les horreurs physiques, mais les horreurs morales des Enfers : ainsi, après avoir peint les flammes, le lac brûlant, et tous les tourments auxquels ses habitants sont condamnés, il a représenté les crimes monstrueux, les amours criminelles, l'inceste, les remords; et cette idée mérite les plus grands éloges. Il y a d'ailleurs deux parties dans ce morceau, l'invention et l'exécution : en condamnant l'une comme bizarre, on ne peut s'empêcher d'admirer dans l'autre la force, l'énergie, la verve, le mouvement qui la caractérisent. On ne peut lire, sans frissonner de terreur, le morceau où Milton peint le Péché qui vient d'enfanter la Mort, regardant avec effroi le bruit de cet horrible enfantement, fuyant épouvanté, criant *le Trépas!* tout l'Enfer répondant *le Trépas!* et ce terrible nom, l'effroi de la nature, retentissant d'*échos en échos* jusqu'au fond de l'abîme.

La même énergie distingue les vers où Milton peint les portes de l'Enfer s'ouvrant devant leur souverain. Mais rien n'égale les couleurs dont il a peint son voyage à travers le vide et le Chaos : là tout est de sa création; et, si ces idées sont fantastiques, du moins elles sont neuves, animées, et revêtues de la plus magnifique poésie : on peut dire que le génie de Milton a peuplé le vide et dompté le chaos; surtout il a représenté avec une justesse parfaite l'espace mitoyen où le Chaos touche à la création, l'ordre au tumulte, et la lumière à l'ombre. En un mot, dans ce chant les défauts sont rares et les beautés sont nombreuses; ainsi que dans le premier, les discours et les descriptions y sont admirables, et jamais l'imagination poétique ne s'est montrée ni plus féconde, ni plus originale.

ARGUMENT.

L'Éternel, du haut de son trône, voit Satan qui vole vers le monde nouvellement créé. Il le montre à son fils assis à sa droite : il lui prédit que l'Homme se rendra coupable ; et fait voir qu'on ne peut accuser sa justice ni sa sagesse, en ce qu'il a créé l'Homme libre et capable de résister à la tentation. Il déclare qu'il lui fera grâce, parce que l'Homme n'est pas tombé de lui-même, comme Satan, mais par séduction. Le fils de Dieu glorifie son père, et lui rend grâce de sa bonne volonté pour le Genre humain. Mais le Tout-Puissant lui témoigne que sa justice divine veut une satisfaction ; que l'Homme a offensé sa majesté suprême, en aspirant à son rang, et qu'ainsi il doit mourir avec toute sa postérité, à moins que quelqu'un, capable d'expier l'offense de l'Homme, ne subisse sa punition. Le fils de Dieu s'offre volontairement : le père l'accepte, consent à son incarnation, et prononce qu'il sera exalté au-dessus de tous sur la Terre et dans le Ciel. Il commande aux saints Anges de l'adorer ; ils obéissent, et tous les chœurs unissent leurs voix aux doux sons de leurs harpes, célèbrent la gloire et du père et du fils. Satan descend sur la surface extérieure de ce monde ;

il trouve une plage nommée le Limbe de vanité. Destination de cette place. De là il passe à l'orbe du soleil; Il aborde Uriel, conducteur de cette sphère lumineuse : mais avant que de le joindre, il se transforme en un Ange de lumière; et, prétextant que le zèle lui a fait entreprendre ce voyage pour contempler la nouvelle création et l'Homme que Dieu y avait placé, il s'informe du lieu de sa demeure. Après l'avoir appris, il part, et s'abat sur le sommet du Niphatès.

PARADIS PERDU
POÉME.

LIVRE TROISIÈME.

Salut, clarté du jour, éternelle lumière,
Du Ciel la fille aînée et la beauté première,
Peut-être du Très-Haut rayon co-éternel
(Si te nommer ainsi n'outrage point le Ciel)!
Que dis-je! Dieu t'unit à sa divine essence :
Dieu même est la lumière, et sa toute-puissance,
Comme d'un pavillon, s'environne de toi.
Éclatant tabernacle, où réside ton roi,
Brillant écoulement de sa gloire immortelle,
Comme elle inaltérable, et féconde comme elle,
Ruisseau pur et sacré qui, coulant à jamais,
En dérobant ta source épanches tes bienfaits,
Salut! Avant qu'un mot eût enfanté le monde,
Eût arraché la Terre aux abîmes de l'onde,
Eût assis le Soleil sur le trône des Airs,
Et sur le vide immense eût conquis l'univers,
Tu brillais de ses feux; l'insensible matière
En recevant la vie a senti la lumière;
Et, comme un voile pur du Ciel resplendissant,
Tu jetas la clarté sur ce monde naissant.

Trop long-temps retenus dans les gouffres funèbres,
J'ai de mes pas errants parcouru leurs ténèbres ;
De leur voûte brûlante à leurs antres sans fonds
J'allai, j'interrogeai leurs abîmes profonds.
Pour chanter le Chaos, l'ombre qui l'enveloppe,
Je dédaignai le luth qui charma le Rhodope.
Grâce aux Muses, du Ciel descendu sans effroi,
J'ai plongé dans l'abîme et remonté vers toi :
Pour les faibles humains privilège si rare !
Enfin, je viens à toi de la nuit du Tartare ;
Je viens revoir le Ciel, revoir ce monde heureux,
Brillant de tes rayons, échauffé de tes feux ;
Je sens déjà ta flamme, aliment de la vie ;
Mais, hélas ! à mes yeux ta lumière est ravie.
En vain leur globe éteint, et roulant dans la nuit,
Cherche aux voûtes des Cieux la clarté qui me fuit ;
Tu ne visites plus ma débile prunelle.
Pourtant, des chants sacrés adorateur fidèle,
Ma Muse, chère au Ciel, anime encor ma voix ;
J'erre encor sur ses pas sous la voûte des bois,
Au bord du clair ruisseau, sur la montagne altière,
Que pour d'autres que moi vient dorer la lumière.
Mais c'est vous, vous surtout, qui m'avez inspiré,
Montagne de Sion, et toi, ruisseau sacré,
Toi qui, baignant ses pieds avec un doux murmure,
Les caches sous des fleurs, les couvres de verdure,
Souvent aussi (des maux trop funestes rapports) !
J'évoque ces mortels fameux par leurs accords,

Qui n'ont de tes bienfaits gardé que la mémoire.
Votre égal en malheur, que ne le suis-je en gloire !
O vieux Tirésias, Homère, Thamyris !
Ainsi, de mille objets en silence nourris,
Mes vers coulent sans peine, et ma Muse féconde
Reproduit dans mes chants les merveilles du monde ;
Mais du moins dans mes maux j'imite leurs concerts,
Et mon cœur sans effort se répand dans mes vers :
Tel, au sein de la nuit et de la forêt sombre,
L'oiseau mélodieux chante caché dans l'ombre.

   Les ans, les mois, les jours, par une sage loi,
Tout revient, mais le jour ne revient pas pour moi :
Mes yeux cherchent en vain les fleurs fraîches écloses.
Mes printemps sont sans grâce, et mes étés sans roses.
J'ai perdu des ruisseaux le cristal argentin,
La pourpre du couchant, les rayons du matin,
Et les jeux des troupeaux, et ce noble visage
Où le Dieu qui fit l'Homme, a gravé son image.
J'ai gardé ses malheurs, et perdu ses plaisirs.
Où sont les doux tableaux si chers à mes loisirs ?
Rien, rien de cette scène, en beautés si féconde,
Ne se peint dans ces yeux où se peignait le monde.
Vainement se colore et le fruit et la fleur ;
Pour moi dans l'univers il n'est qu'une couleur.
Ma vue, à la clarté refusant le passage,
Des objets effacés ne reçoit plus l'image :
Tout est vague, confus, couvert d'un voile épais,
Et pour moi le grand livre est fermé pour jamais.

Adieu des arts brillants la pompe enchanteresse,
Les trésors du savoir, les fruits de la sagesse ;
La nuit engloutit tout. Eh bien ! fille des Cieux,
Éclaire ma raison au défaut de mes yeux ;
Épure tout en moi par ta céleste flamme ;
Mets tes feux dans mon cœur, mets des yeux dans mon âme ;
Et fais que je dévoile, en mes vers solennels,
Des objets que jamais n'ont vus les yeux mortels.

Du trône où sa grandeur, dans une paix profonde,
Domine les hauteurs qui dominent le monde,
A travers le cristal du pur azur des Cieux,
L'Éternel ici-bas avait jeté les yeux,
Vu la Terre et l'Enfer, ce qu'il hait, ce qu'il aime,
Et dans ces grands tableaux se contemplait lui-même.
Plus nombreux mille fois que les astres du Ciel,
Tous les célestes chœurs entouraient l'Éternel ;
Tous, brillants des splendeurs que son front leur envoie,
Nageaient dans des torrents d'inexprimable joie :
Son fils, sa noble image, à sa droite est placé.
Alors son œil divin, vers la Terre abaissé,
Voit nos premiers parents, premier espoir du monde,
Dans un coin de la Terre encor jeune et féconde,
Cueillir innocemment les fruits toujours nouveaux
D'un plaisir sans chagrin, d'un amour sans rivaux.
Puis il voit le Tartare et l'orageux abîme
Qui sépare l'Enfer de son séjour sublime :
Là, Satan, du côté qui sépare les Cieux,
Dans l'ombre poursuivait son vol silencieux.

Ses pieds impatients, son aile qui se lasse,
Bientôt vont aborder sur l'aride surface
Qu'à son œil curieux présente l'univers.
Est-il entouré d'eaux? nage-t-il dans les airs?
Il ne sait; mais la nuit, dont il perce les voiles,
Ne le lui montre pas environné d'étoiles.

 De cet œil, devant qui viennent se réunir
Le passé, le présent et l'immense avenir,
Le voyant achever son sinistre voyage :
« Mon fils, dit l'Éternel, vois quel excès de rage
» Enflamme l'ennemi conjuré contre nous!
» Les tourments qu'au rebelle a choisis mon courroux,
» Les portes de l'Enfer, et le poids de ses chaînes,
» Et ce Chaos si loin des célestes domaines,
» N'ont pu dompter l'espoir de venger son affront :
» Vains projets qui bientôt vont tomber sur son front.
» Libre enfin de mes fers, vainqueur de deux abîmes,
» Il marche vers le Ciel; et cherchant ses victimes,
» Je le vois s'avancer vers ce monde naissant,
» Où mes mains ont placé l'Homme encore innocent,
» Résolu, contre lui, d'employer ou la force,
» Ou d'un piége trompeur la séduisante amorce.
» L'Homme succombera, je le sais; dans son cœur,
» Du Dieu qui l'a créé, Satan sera vainqueur.
» Je ne lui prescrivis qu'un léger sacrifice :
» Son crime va bientôt provoquer ma justice,
» Et de son attentat l'effet contagieux
» En transmettra la peine à ses derniers neveux.

» Qu'il ne m'accuse point des maux qu'on lui prépare.
» Pour lui de mes faveurs je ne fus point avare.
» Je le fis bon et libre ; innocent ou pervers :
» Ainsi furent créés tous ces esprits divers,
» Enfants du même Dieu, qu'un même souffle anime :
» Libres pour la vertu, tous le sont pour le crime ;
» D'eux seuls dépend leur sort. Eh ! sans la liberté,
» Quel prix attacherais-je à leur fidélité ?
» Quels mérites aurait l'aveugle obéissance
» Que la crainte en tremblant paîrait à la puissance,
» Qui par nécessité fléchirait sous ma loi,
» Et même, en me servant, ne ferait rien pour moi ?
» Je ne veux point d'un trône environné d'esclaves :
» Je leur donnai des lois et non pas des entraves ;
» Si leur cœur, leur raison, n'est libre de choisir,
» Où sont pour eux la gloire, et pour moi le plaisir ?
» Que diront ces ingrats pour éviter leur peine ?
» Que l'arrêt du Destin d'avance les enchaîne ?
» Qu'on ne peut éviter les maux que je prévoi ?
» L'Homme ne doit le vice et la vertu qu'à soi.
» De quoi se plaindraient-ils ? Leur révolte future,
» Si leur Dieu l'ignorait, serait-elle moins sûre ?
» Non, non, ma prévoyance et ce regard perçant
» Devant qui l'avenir est déjà le présent,
» Ni des décrets du Sort l'inflexible puissance,
» N'auront entre leurs mains fait pencher la balance :
» Leur libre volonté pèse tout à son poids,
» Leur raison fait leurs vœux, leur crime est de leur choix :

» Créés libres par moi, toujours ils doivent l'être.
» Pour plaire à leur caprice, il me faudrait peut-être
» Révoquer du Destin l'irrévocable loi,
» Changer et l'Ange, et l'Homme, et la nature, et moi!
« Tous libres d'être bons, tous se sont faits coupables.
» Les Anges, fils du Ciel, furent moins excusables :
» Par eux-mêmes tentés, par eux-mêmes séduits,
» D'un crime volontaire ils recueillent les fruits :
» Au premier attentat d'une indiscrète audace,
» D'autres ont poussé l'Homme; à l'Homme je fais grâce.
» Ainsi la Terre heureuse et le Ciel enchanté,
» Auprès de la justice auront vu la bonté ;
» Mais la bonté sur eux a brillé la première,
» Et sur eux la bonté brillera la dernière ;
» Ma gloire le demande ». Ainsi dit l'Éternel.
 Il parle, et l'ambroisie embaume au loin le Ciel ;
Partout s'est répandue une ineffable joie.
Son fils, où tout entier le père se déploie,
De tout autre pouvoir, de tout autre grandeur,
Né de Dieu, Dieu lui-même, efface la splendeur.
Sur les trônes des Cieux son trône au loin domine,
Dans ses yeux resplendit la charité divine,
La grâce au doux regard ; l'amour aux traits de feu,
Et la bonté céleste, immense comme Dieu.
 « O mon père, dit-il d'une voix ineffable,
» Rien ne peut ajouter à ta gloire adorable ;
» Mais qui peut s'égaler au serment solennel
» Qui promet le pardon à l'Homme criminel ?

» Et la Terre et les Cieux, les Hommes et les Anges,
» Pour toi vont redoubler leurs concerts de louanges,
» Et sur la harpe d'or, l'immortel Séraphin
» S'en va bénir ton nom par un hymne sans fin.
» L'Homme, ton premier soin et ton dernier ouvrage,
» Aurait donc vu dans lui détruire ton image !
» Indocile à ta loi, coupable, mais trompé,
» D'un trépas éternel l'aurais-tu donc frappé ?
» Loin de toi ces rigueurs ! Veux-tu dans ta colère
» Détruire tes enfants, servir notre adversaire ?
» Eh quoi ! l'Ange du mal vaincrait le Dieu du bien !
» Heureux dans son projet, il se joûrait du tien !
» En triomphe après lui traînerait dans l'abîme
» Le Genre humain par toi devenu sa victime !
» Publîrait dans l'Enfer ton pouvoir outragé,
» Condamné mais vainqueur, malheureux mais vengé !
» Toi-même, à tes faveurs sacrifiant ta gloire,
» Veux-tu de tes bienfaits abolir la mémoire,
» Mettre en doute tes droits, ta grandeur, ta bonté,
» Du crime triomphant souffrir l'impunité,
» Et voir tranquillement, de son trône suprême,
» S'applaudir l'insolence et régner le blasphème ? »
  « Mon fils, dit l'Éternel, mon fils, l'amour des Cieux,
» Où se complaît mon cœur, se délectent mes yeux,
» Toi, dans qui je me vois, je m'admire et je m'aime,
» Mon verbe, mon pouvoir, et ma sagesse même !
» Ce que tu veux, mon fils, je l'avais résolu ;
» De toute éternité mes décrets l'ont voulu.

» L'Homme n'est point proscrit et perdu sans ressource :
» Ma grâce est là ; qui veut, peut puiser dans sa source ;
» Mais nul n'y peut puiser sans mon libre concours.
» Pour réparer sa chute il aura mon secours ;
» J'affermirai ses pas, et rentré dans la lice,
» Il pourra de l'Enfer confondre la malice.
» J'oublîrai ses forfaits, et sa fragilité
» Connaîtra le besoin qu'elle a de ma bonté.
» Mais j'aurai mes élus ; les favoris que j'aime
» Seront sauvés : telle est ma volonté suprême.
» Les autres du remords écouteront les cris ;
» J'avertirai leurs cœurs, j'instruirai leurs esprits ;
» Je les arrêterai sur le bord de l'abîme :
» La grâce au repentir invitera le crime,
» Conduira la prière et les saintes douleurs ;
» Et des yeux les plus durs fera couler des pleurs.
» Qu'ils viennent, j'ouvrirai, sensible à leurs alarmes,
» Mon oreille à leurs cris, et mes yeux à leurs larmes ;
» Ils trouveront en eux l'empreinte de mes lois,
» Et dans leur conscience ils entendront ma voix.
» Si leur cœur est soumis, de ces abîmes sombres
» Ma lumière divine éclairera les ombres.
» Qu'ils veillent sans relâche, ils atteindront au port.
» Mais si leurs passions sont sourdes au remord,
» Si le crime obstiné lasse ma patience,
» Dans leurs cœurs endurcis descendra ma vengeance,
» Fermera leur oreille, aveuglera leurs yeux ;
» La grâce reprendra ses trésors précieux ;

» Et plongé dans la nuit, errant de crime en crime,
» Le vice impénitent tombera dans l'abîme.
» C'est pour les cœurs sans foi que je suis sans pitié.
» Mais par leur châtiment tout n'est pas expié :
» L'Homme, en bravant ma loi, provoqua ma justice;
» Il faut qu'elle l'immole, ou bien qu'elle périsse.
» Puisqu'il osa prétendre à l'immortalité,
» Qu'il meure, et satisfasse à la divinité;
» Qu'il meure, lui, ses fils : héritiers de son crime,
» Tous sont proscrits, à moins, qu'une auguste victime,
» Égale à ma grandeur, égale à mon courroux,
» Me payant mort pour mort, ne les acquitte tous.
» Mais, pour se dévouer à cet arrêt funeste,
» Est-il dans le Ciel même une âme assez céleste ?
» Quel juste périra pour l'Homme criminel ?
» Quel immortel mourra pour sauver un mortel ? »
    Ainsi dit le Très-Haut : tout se tait, aucun n'ose
Intercéder pour l'Homme ou défendre sa cause,
Encor moins s'exposer pour le crime d'autrui,
Et faire retomber le châtiment sur lui.
La Mort tenait sa proie, et l'Enfer sa victime;
Ce monde était perdu, si, sauveur magnanime,
Le fils de l'Éternel, qui renferme en son sein
Tous les dons de la grâce et de l'amour divin,
De son père irrité n'eût fléchi la vengeance.
    « Mon père; il est porté, l'arrêt de la clémence :
» Oui, l'Homme est pardonné; car la grâce des Cieux,
» Cette grâce qui court sur des ailes de feux

» Au-devant du desir, au-devant des prières,
» Pourrait-elle en ce jour rencontrer des barrières,
» Elle qui cherche ceux qui ne la cherchent pas?
» Heureux qui sans effort la trouve sous ses pas?
» Mais l'Homme, du devoir abandonna la trace;
« Comment, mort à tes yeux, peut-il chercher la grâce?
» Quelle victime pure et quel précieux don
» Peut, acquittant son crime, acheter son pardon?
» Débiteur impuissant envers l'Être-Suprême,
» Quel prix offrirait-il en se livrant lui-même?
» Oui, l'Homme est insolvable : eh bien! me voilà prêt:
» Je prends sur moi son crime, et subis son arrêt.
» Ma vie avec plaisir rachètera la sienne :
» Oui, son sort est le mien, son offense la mienne.
» Assis à tes côtés dans ce rang glorieux,
» Je quitterai ton sein, je quitterai les Cieux;
» De mon père, en mourant, je sauverai l'ouvrage.
» Contre moi que la Mort tourne toute sa rage :
» Bientôt on me verra, vainqueur de ses tombeaux,
» Secouer sa poussière et quitter ses lambeaux.
» Dans des siècles sans fin tu m'as donné de vivre;
» Pour renaître à la gloire, à la mort je me livre :
» Elle aura de ton fils tout ce que je lui doi;
» Mais, ce tribut payé, je retourne vers toi.
» Tu ne laisseras pas languir cette âme pure
» Dans sa prison infecte et dans la nuit obscure :
» Un moment son captif, à cet horrible lieu
» Moi-même arracherai la dépouille d'un Dieu.

» Mort, toi même suivras ma marche triomphale ;
» Je te replongerai dans la nuit sépulcrale ;
» Tes drapeaux tomberont devant mon étendard,
» Et sur ton propre sein je briserai ton dard.
» En pompe, dans mes fers, traînant l'Ange rebelle,
» J'irai, je monterai vers la voûte éternelle.
» Et toi, mon père, et toi, dans son cours glorieux,
» Tu suivras dans les airs mon char victorieux ;
» De ton trône éternel m'envoyant un sourire,
» Tu verras ma victoire étendre ton empire,
» Le monde réparé, tes ennemis en deuil,
» L'Enfer lâchant sa proie, et la mort au cercueil.
» Oh ! pour moi quelle joie, après ma longue absence,
» De voir, de respirer ta divine présence !
» J'entrerai triomphant : en foule sur mes pas
» Marcheront les captifs rachetés du trépas ;
» Dans tes yeux paternels leurs yeux liront leur grâce :
» De ton auguste front s'enfuira la menace ;
» Mais sur lui brilleront ton amour, tes bienfaits,
» Et le pardon céleste, et l'éternelle paix ».

 A ces mots il se tait ; mais sa bonté touchante
Dans son silence même est encore éloquente.
Pleins d'une sainte horreur, les Anges curieux
N'osent interroger ces mots mystérieux :
Son sacrifice est prêt ; victime volontaire,
Il attend seulement un aveu de son père.
Alors, dans ces regards calmes, mais attendris,
Portant le sort du monde et celui de son fils :

« O toi, dit l'Éternel, toi, mes seules délices,
» Sacrifice plus grand que tous les sacrifices,
» Qui seul pouvais payer la dette des humains,
» Tu sais si je chéris les œuvres de mes mains.
» Le dernier en naissance et non en priviléges,
» L'Homme a blessé mes lois par ses vœux sacriléges :
» Toi, juge s'il m'est cher, quand, pour ses attentats,
» Je souffre que mon fils s'arrache de mes bras ;
» Que tu quittes ma droite, et de tout ce que j'aime
» Prives un temps le Ciel, les Anges et moi-même !
» Pars donc, quitte le Ciel, remplis ton noble vœu,
» Revêts la forme humaine, et deviens l'Homme-Dieu.
» Le temps vient qu'une femme, ineffable mystère !
» Sans cesser d'être vierge, ayant droit d'être mère,
» Enfantera mon fils : va, remplis ton destin,
» Deviens, nouvel Adam, le chef du Genre humain.
» L'Homme était mort sans toi, l'Homme en toi va renaît
» Dans lui tous ses enfants ont offensé leur maître ;
» Du Genre humain, flétri dans son dernier rameau,
» L'arbre greffé sur toi refleurira plus beau ;
» Et du fleuve de vie, altéré dans sa course,
» Tes mérites divins vont épurer la source ;
» Par toi l'Homme ennobli, de lui-même vainqueur,
» Des mondaines vertus détachera son cœur.
» Adoré dans les Cieux, sois proscrit sur la Terre ;
» Aux Enfers, par ta mort, va déclarer la guerre ;
» Des mortels condamnés rédempteur généreux,
» Que le plus pur de tous intercède pour eux.

» Le Ciel acceptera tes tourments volontaires :
» Homme, souffre pour l'Homme, et rachète tes frères ;
» Dieu, tu feras d'un dieu descendre le pardon ;
» Ta mort sera leur vie, et ton sang leur rançon.
» Ainsi, réparateur de la nature humaine,
» Le Ciel vaincra l'Enfer, l'amour vaincra la haine.
» Cet Homme, objet d'envie ainsi que de bonté,
» Jamais d'un plus haut prix put-il être acheté,
» Lui qui, des noirs esprits écoutant la malice,
» A rendu nécessaire un si grand sacrifice ?
» Et toi qui, pour descendre en ce séjour mortel,
» Abdiques l'Empyrée et le trône du Ciel,
» Ne crains point d'avilir ta céleste origine ;
» Ta nature éclipsée en sera plus divine.
» Exilé loin de moi, dans ce terrestre lieu,
» Tu souffriras en homme, et tu vaincras en dieu ;
» Le monde bénira ton âme magnanime ;
» Je connaîtrai mon fils à ta bonté sublime ;
» Ton obscurité même accroîtra ta splendeur,
» Et ton abaissement prouvera ta grandeur.
» Remonté sur ton trône, entouré de tes Anges,
» Ta nature incarnée entendra leurs louanges ;
» Tu reprendras ton sceptre, et ton humanité
» Brillera réunie à la divinité.
» Homme-Dieu, fils de l'Homme et de Dieu tout ensemble,
» Je veux que devant toi tout fléchisse et tout tremble,
» Trônes, principautés, rois, dominations.
» C'est toi que j'ai nommé juge des nations :

» Terrible, tu viendras ; au bruit de ton tonnerre,
» Tes Anges voleront aux deux bouts de la Terre.
» Un jour, un jour viendra que, dans ta majesté,
» Parmi tes Chérubins, en triomphe porté,
» Tu jugeras le monde. A ta voix solennelle
» Tes Anges partiront de la voûte éternelle :
» Soudain, des quatre coins du monde épouvanté,
» Tes élus accourront s'asseoir à ton côté ;
» Cités devant ton trône entouré de nuages,
» Les vivants et les morts, tous les rangs, tous les âges,
» Comparaîtront ensemble à ce grand tribunal ;
» Les tombeaux entendront le terrible signal ;
» La Mort rendra sa proie ; en un morne silence
» Tous du juge suprême attendront la sentence ;
» La foule des méchants rassasîra l'Enfer :
» Alors se fermeront ses cent portes de fer.
» Les flammes à ta voix embraseront le monde ;
» Mais bientôt renaîtront, de sa cendre féconde,
» Des astres plus brillants, des mondes plus parfaits ;
» Là, tes élus unis sous mes yeux satisfaits,
» Tranquilles dans le port, sous un Ciel sans nuages,
» D'une vie inquiète oublîront les orages ;
» Et de leurs saints travaux retrouvant le trésor,
» Dans les jardins du Ciel, cueilleront des fruits d'or,
» L'allégresse, la paix, et la vérité sainte ;
» Ton bras sera sans foudre, et tes élus sans crainte ;
» Dieu sera tout en tous. Vous donc, esprits divins,
» Tombez aux pieds du dieu qui meurt pour les humains.

» Et dans l'éternité de son règne prospère,
» Que le fils en honneur marche égal à son père ».
　Il dit ; et, pénétrés de saints ravissements,
L'Olympe entier éclate en applaudissements,
Bruyants comme les flots des mers tumultueuses,
Et doux comme un concert de voix mélodieuses :
De cris, d'accents joyeux, d'*hosanna* solennels,
Retentissent au loin les palais éternels ;
Tout tressaille d'amour, tout frémit d'allégresse ;
Tous saisis de respect, pleins d'une sainte ivresse,
Devant le double trône et du père et du fils,
Humblement inclinés courbent leur front soumis,
Déposent à leurs pieds leur couronne brillante
Où s'enlace avec l'or l'immortelle amarante.
O divine amarante ! ô délices d'Éden !
Près de l'arbre de vie, en son riant jardin,
Ève cueillait tes fleurs quand elle était fidèle :
L'innocence s'enfuit, tu partis avec elle.
Le Ciel qui la vit naître a repris ce trésor ;
Près des sources de vie elle se plaît encor.
Là, de ses frais boutons, immortelles prémices,
Elle aime à couronner le fleuve de délices,
Pare les immortels, ceint leurs fronts radieux,
Court en riant tapis sur le parvis des Cieux ;
Et, cachant cette mer d'or, de jaspe et d'opale,
Présente aux pieds divins sa pourpre virginale.
　Ces tributs acquittés, les brûlants Séraphins
Ont couronné leur front, repris ces luths divins,

Ces harpes en carquois à leurs côtés pendantes ;
Bientôt leurs mains, glissant sur les cordes tremblantes,
Préludent en cadence aux cantiques sacrés
Qui ravissent les Cieux d'allégresse enivrés.
Tout chante, chaque voix à la lyre est unie ;
Au séjour de la paix habite l'harmonie !
Tous chantent, et par toi commencent leurs concerts :
 « O toi, père d'un dieu, père de l'univers !
» Être indéfinissable, impérissable, immense,
» Qui ne commenças point, et par qui tout commence !
» Terrible, et t'entourant de nuages épais,
» Tes feux percent la nuit où s'enferme ton dais ;
» Mais, sur ton trône d'or, ta gloire inaccessible
» Prodigue la lumière et demeure invisible ;
» Ton voile, impénétrable à force de clartés,
» Accable de splendeur les yeux épouvantés ;
» Et l'Ange, qui n'en peut soutenir la lumière,
» De son aile tremblante a voilé sa paupière :
» Salut, Dieu tout-puissant ! s'écriaient-ils en chœurs ».

De son fils, à son tour, ils chantent les grandeurs ;
Ce fils, son éternelle et douce ressemblance,
Dans qui seul nos regards soutiennent sa présence ;
Lumière tempérée où lui-même est empreint,
Dans qui l'Homme fragile ose aimer ce qu'il craint :
 « C'est par toi qu'il créa ce Ciel qui l'environne ;
» C'est par toi que, vengeant l'affront de sa couronne,
» Il renversa des Cieux ce peuple révolté,
» Dont l'orgueil aspirait à la divinité.

» Dans ce terrible jour, ministre de colère,
» Ton bras n'épargna point les foudres de ton père,
» Ni son glaive divin, ni ses flèches de feux :
» Sous son char foudroyant tu fis trembler les Cieux;
» Tout fuit, tout disparut, et ta roue enflammée
» Devant elle chassa leur insolente armée.
» O fils de l'Éternel, sa gloire, son amour,
» Quel triomphe éclatant célébra ton retour !
» Par toi l'Ange rebelle éprouva sa vengeance ;
» Mais l'Homme connaîtra ta divine indulgence:
» Toi-même, ô Tout-Puissant ! pardonnas son erreur ;
» Tu signalas ta grâce, et non ton bras vengeur :
» Pour l'Homme qu'égara l'infernale malice,
» Ton fils, ton digne fils attendrit ta justice ;
» Entre elle et la pitié ton pouvoir hésita ;
» Ton fils parla pour lui, la pitié l'emporta.
» Oui, ta grandeur voulait une grande victime ;
» Mais qui peut égaler ton dévoûment sublime ?
» Un Dieu rachète l'Homme, et son cœur généreux
» A consolé la terre, et satisfait aux Cieux.
» O bonté que le Ciel avec respect contemple !
» Bonté dont un dieu seul a pu donner l'exemple !
» Salut, enfant de Dieu, sauveur du Genre humain !
» Pour toi nos harpes d'or chantent l'hymne sans fin.
» Tant que j'habiterai ton divin sanctuaire,
» Je chanterai le fils, je bénirai le père ;
» Les Cieux me répondront, et vos noms adorés
» Jamais dans mes concerts ne seront séparés ».

LIVRE III.

C'est ainsi qu'au sommet des brillantes demeures
Dans le ravissement coulaient leurs douces heures.
Sous leurs pieds, de ce monde en voûtes arrondi,
Le contour spacieux, par son cintre hardi,
Séparait le Chaos des sphères éclatantes,
Sous le vaste Empyrée incessamment errantes.
Satan touche ses bords ; comme un point globuleux,
De loin un monde obscur se montrait à ses yeux.
Maintenant il découvre un continent immense,
Sombre, inculte et plongé dans un vaste silence,
Que menacent de près et la profonde nuit,
Et du triste Chaos l'épouvantable bruit ;
Tandis qu'à l'autre bord règne une clarté pure,
Dont un léger reflet descend dans l'ombre obscure.
De ces vastes déserts, frontières du Chaos,
Où les combats des vents, de la flamme et des flots,
L'environnent encor de leur bruyant orage,
L'Archange parcourait l'aridité sauvage :
Tel un de ces vautours, avides nourrissons
Des rochers d'Imaüs, qui de ses vieux glaçons
Oppose la barrière aux courses du Tartare,
Loin d'un sol indigent, et de butin avare,
Part, vole aux prés fleuris, aux superbes troupeaux
Que l'Hydaspe ou le Gange abreuvent de leurs eaux ;
Mais, souvent fatigué du pénible voyage,
Il descend, il s'abat sur quelque aride plage,
Aux champs de Séricane, en ces sables mouvants
Où le Chinois, habile à maîtriser les vents,

Fait douter, sur son char que la voile seconde,
S'il roule sur la terre, ou s'il vogue sur l'onde :
Ainsi l'Archange, errant dans ce vague séjour,
Va, vient, monte, descend, redescend tour-à-tour ;
Son avide regard cherche partout sa proie :
Partout un vide immense à ses yeux se déploie,
Pas un être vivant, un être inanimé.
Mais un monde nouveau dans ces lieux s'est formé,
Depuis qu'un fol orgueil eut égaré les hommes.
Là, dans l'air exhalé du séjour où nous sommes,
Les chimériques vœux et les rêves trompeurs
Montent incessamment en subtiles vapeurs ;
Tout ce que la nature, alors qu'elle s'égare,
Produit de monstrueux, d'imparfait, de bizarre,
Assemblage fragile, ouvrages passagers,
Arrivent dans ces lieux en nuages légers :
Là, ceux qui, dans ce monde, ou pour une autre vie,
D'un bonheur fantastique ont rêvé la folie,
Qui, brûlant d'un faux zèle, épris d'un nom fameux,
De tous ces riens brillants et passagers comme eux,
Que desire l'orgueil, que le hasard dispense,
Vains, eurent ici-bas leur vaine récompense,
Retrouvent en ces lieux leurs frivoles plaisirs,
Leurs projets insensés, leurs stériles desirs.
Vous-même, en ce séjour vous avez votre place,
O vous, qui dans Sennar construisîtes la masse
De cette folle tour qui menaçait les Cieux,
D'un impuissant orgueil ouvrage audacieux !

Si quelque être réel ici pouvait éclore,
Ces vains fabricateurs le tenteraient encore.
Là, sont ces insensés, dupes d'un fol espoir,
Les jouets de l'orgueil, les martyrs du savoir :
Ce fou qui de l'Etna, dont il fut la victime,
Courut, en s'y plongeant, interroger l'abîme ;
Et toi, qui de Platon allas chercher les cieux,
Et payas de tes jours ce desir curieux.

Plus loin sont ces mortels dont la tête féconde
Chaque jour en idée enfante un meilleur monde.
Le fantastique ouvrage à peine est commencé,
Le vent souffle, il abat l'édifice insensé ;
Dans l'air s'évanouit le monde imaginaire.
Mais bientôt, de Platon poursuivant la chimère,
L'infatigable orgueil redouble ses travaux,
Et sur des plans détruits bâtit des plans nouveaux ;
De ses faibles réseaux, ainsi l'insecte agile
Reprend les fils rompus et la trame fragile.
Vains efforts, au milieu des clameurs et des ris,
Ils vont se débattant à travers des débris :
D'un rêve ambitieux trop juste récompense!

Un autre, nourrissant son avare espérance,
Veille près d'un creuset; et, couvant son trésor,
Demande qu'un plomb vil se convertisse en or ;
Mais bientôt, trahissant son attente affamée,
Le perfide métal s'évapore en fumée.

D'autres vont étalant un luxe ambitieux,
De superbes jardins, des marbres précieux ;

Mais autour d'eux (ainsi le veut la Providence),
Tout est désert, partout règne un profond silence;
Sous leurs lambris dorés languit le triste Orgueil;
L'indifférent Oubli seul en garde le seuil;
Et la Nymphe aux cent voix, pour eux seuls plus discrète,
Passe les yeux fermés et baissant sa trompette.
Bientôt dans leur palais l'ennui vient les saisir,
Et, comme sans témoins, leur luxe est sans plaisir.
Enfin, tous de leur noms veulent laisser la trace;
Le sable les reçoit, et le vent les efface.

   Dans ce vaste séjour errait l'Ange infernal,
Lorsqu'à travers la nuit, du rayon matinal
La timide lueur à ses yeux se présente;
Il dirige ses pas vers la clarté naissante :
Tout-à-coup à ses yeux, par l'aurore éclairés,
Se découvrent de loin d'innombrables degrés,
Des célestes palais escalier magnifique.
Au-dessus s'élevait un superbe portique
Qui défie en grandeur tout le luxe des rois :
L'or et le diamant y brillent à la fois;
De cailloux précieux le portail étincelle;
Nul pinceau ne saurait en tracer le modèle :
Moins brillante autrefois vous montiez vers les Cieux,
Échelle de Jacob, degrés mystérieux,
Où son œil croyait voir, des demeures des Anges,
Descendre et remonter les célestes phalanges,
Quand, frappé tout-à-coup de ce rêve étonnant,
Les regards éblouis et le front rayonnant,

Il s'écria : « Je vois les portes éternelles ! »
Quelquefois rappelée aux voûtes immortelles,
L'échelle disparaît : une mer de clarté,
Et de nacre liquide, et d'albâtre argenté,
Roule au-dessous des flots d'une onde éblouissante.
Sur cette vaste mer, au loin resplendissante,
Les élus sont portés, de ce terrestre lieu,
Entre les bras d'un Ange, ou sur un char de feu.
 Alors, dans tout l'éclat de sa magnificence,
Descendait suspendu, cet escalier immense,
Soit pour braver Satan, soit afin que son cœur
Sentît plus vivement la perte du bonheur :
A ce riche portail de la céleste voûte
Répondait une longue et spacieuse route,
Qui, des hauteurs du Ciel, touche au riant Éden,
De nos premiers parents délicieux jardin,
Et de ce beau séjour mène au reste du monde.
De ce vaste chemin l'ouverture profonde
Surpassait en largeur ce passage sacré
Qui, des mains de Dieu même aux Anges préparé,
Descendait de son trône à la montagne sainte,
Par qui ce Dieu, du haut de la divine enceinte,
Envoyait à Juda les messages des Cieux,
Voyait l'heureux Jourdain, délices de ses yeux,
Et, jusqu'aux bords du Nil, de sa race chérie,
De l'aurore au couchant, contemplait la patrie.
Non moins large, s'ouvrait ce lumineux chemin,
Où l'Éternel lui-même a posé de sa main

Les digues de la nuit, pareilles aux limites
Qu'à la fureur des mers sa puissance a prescrites.
 Là s'arrête Satan; et du premier degré
D'où cette échelle d'or monte au parvis sacré,
Il regarde, et de loin, dans la vaste étendue,
Parcourt de l'univers la pompe inattendue :
Ses yeux ont d'un regard saisi le monde entier.
Tel l'adroit éclaireur qui, par un noir sentier,
Poursuivant dans la nuit sa course périlleuse,
Marche, et gagne d'un mont la hauteur sourcilleuse
Que déjà vient frapper le rayon du matin,
S'arrête, admire, embrasse un immense lointain,
Des pays inconnus, leur riche capitale,
Et de ses hautes tours la pompe impériale :
Tel Satan contemplait ce monde merveilleux,
Qui, même après le Ciel, étonne encor ses yeux;
Mais le dépit surtout en secret le dévore,
En admirant la main du Dieu qui le décore.
Bien au-dessus des lieux que la nuit a voilés,
Il découvre, il parcourt les mondes étoilés,
Depuis les deux bassins où l'équitable Astrée
Et des jours et des nuits balance la durée,
Jusqu'au bélier fameux par sa riche toison,
Qui, sous son noble poids franchissant l'horizon,
Transporta sur les mers Andromède éperdue.
Enfin, d'un pôle à l'autre embrassant l'étendue,
Son œil dans sa largeur parcourt notre univers.
Soudain vers les confins de ces brillants déserts,

LIVRE III.

Dont la beauté l'enflamme, et dont l'aspect l'irrite,
Son vol impatient plonge et se précipite,
Glisse d'un cours aisé dans le fluide azur,
Et traverse, en nageant dans les flots d'un air pur,
Ces globes dont chacun, sous sa voûte profonde,
De loin paraît un astre, et de près est un monde,
Peut-être une île heureuse, et telle qu'en son sein
La mer vit d'Hespérus le superbe jardin.
Lieux charmants, qui peut-être ont aussi leurs prairies,
Leurs vallons, leurs forêts, et leurs plaines fleuries;
Il les voit, les approche, et ne s'informe pas
Quel peuple heureux habite en ces heureux climats.

Mais, parmi tant d'objets de sa surprise extrême,
Le Soleil, en éclat presque égal au Ciel même,
Du monde à ses regards éclipse la grandeur :
Il vole, il veut de près contempler sa splendeur;
Autour de lui, brillant de sa magnificence,
Les mondes sont placés à leur juste distance:
Tous suivent, sous ses lois, leur cours respectueux.
De son trône éternel l'astre majestueux
En torrents enflammés leur verse la lumière;
Tous, d'accord avec lui, poursuivent leur carrière;
Et, dans ce grand concert, réglant sur lui leur cours,
Nous mesurent les ans, et les mois, et les jours.
C'est toi, Soleil, c'est toi dont l'action puissante
Les soumet en secret à ta force agissante;
Soit qu'ils soient attirés vers ta source de feu,
Soit qu'à tous ces sujets dont tu parais le dieu,

Un fluide éthéré, qui vers toi les entraîne,
Imprime fortement ta vertu souveraine,
Pénètre jusqu'au centre et, par un doux pouvoir,
A leurs orbes errants apprenne à se mouvoir.
Satan vient; sur ce globe, étonnante merveille,
Il aborde, et jamais une tache pareille
Sur son disque éclatant n'apparut à nos yeux.

    Satan se plaît à voir ce monde radieux;
La terre n'offre point de matière si rare.
Aux plus brillants métaux si l'homme la compare,
C'est un océan d'or, c'est une mer d'argent;
Si des pierres de prix font son éclat changeant,
C'est l'escarboucle ardent, le rubis, la topaze,
De tous ses feux unis l'astre éclatant s'embrase :
Sur le sein du grand-prêtre, autour du nom de Dieu,
Jadis étincelaient moins de gerbes de feu;
Notre pensée enfin imagine moins belle,
Cette pierre, l'objet d'une attente éternelle,
Et qui, peut-être un jour ouvrage du hasard,
A lassé jusqu'ici tous les efforts de l'art,
De cet art qui, fixant sa mobile substance,
Du mercure indocile a dompté l'inconstance,
Et, courant l'arracher à l'abîme des mers,
A ce nouveau Protée a su donner des fers :
Tant l'art humain ajoute aux merveilles du monde !
Faut-il donc s'étonner qu'en sa marche féconde
Le Soleil, de ses feux épanchant le trésor,
Roule des flots d'argent et des rivières d'or,

LIVRE III.

Lorsque, si loin des Cieux, ce roi de la nature
En riches diamants durcit la fange impure,
Donne aux métaux, empreints de ses vives chaleurs,
Le prix de la matière et l'éclat des couleurs?
Vains trésors comparés à leur auteur suprême!
L'or et le diamant, l'art, la nature même,
Ce qu'enferment la terre et l'humide séjour,
Pâlit près d'un rayon du grand astre du jour.

Satan, sans s'éblouir, voit tous ces grands spectacles.
De la hauteur des Cieux, sans ombre, sans obstacles,
Son œil possède au loin l'immensité des airs.
Et tel qu'à l'équateur, cet œil de l'univers
Darde en rayons directs sa flamme verticale;
Telle, des champs du Ciel parcourant l'intervalle,
Dans les flots transparents d'un air pur et vermeil,
Monte droit vers Satan la clarté du Soleil;
Et l'Ange de la nuit, nageant dans la lumière,
Commande d'un regard, à la nature entière.

Alors il voit un Ange, un Ange radieux
Que Jean a vu depuis dans ce globe de feux.
Tourné vers le Soleil, dont lui-même est l'image,
L'Ange aux yeux de Satan dérobe son visage;
Mais son corps éclatait de célestes beautés.
Deux ailes, en flottant, brillaient à ses côtés;
Des rayons les plus purs qu'il a choisis lui-même,
Il tressa pour son front son riche diadème;

Et sur son corps d'albâtre étalant leur trésor,
Ses longs cheveux pendants tombaient en boucles d'or :
Pensif, il méditait le grand ordre du monde.
Satan dans ses projets prétend qu'il le seconde,
Lui montre cet Éden, ces bocages si beaux
Où doit finir sa course, où naquirent nos maux.
D'abord il se déguise, et l'adroite imposture
D'un Ange lumineux lui prête la figure,
Mais d'un Ange qui siége au second rang des Cieux.
La céleste jeunesse étincelle en ses yeux,
Répand sur tout son corps sa grâce enchanteresse ;
De ses dehors trompeurs rien ne trahit l'adresse.
L'or couronne son front ; de ses cheveux mouvants
Chaque boucle se joue et flotte au gré des vents,
Et, de l'arc radieux des voûtes éternelles,
L'or, la pourpre et l'azur ont nuancé ses ailes.
Son front, son air, ses traits, d'un Ange ont la fraîcheur ;
Sa robe retroussée annonce un voyageur ;
Sa baguette d'argent dans sa main se balance ;
Son port est assuré, noble est sa contenance.
Il marche ; sans le voir le Chérubin l'entend :
Averti par l'oreille, il se tourne à l'instant.
L'Archange d'Uriel reconnaît le visage ;
Uriel que jadis plus d'un noble message
Honora dans les Cieux ; le brillant Uriel,
L'un des sept Séraphins qui, devant l'Éternel,
D'un regard attentif, d'une oreille exercée,
Dans un mot, un clin-d'œil, devinent sa pensée,

Et de la cour céleste au séjour des humains
Courent exécuter ses ordres souverains,
Voyagent sur la terre ou s'élancent sur l'onde,
Et des décrets du Ciel avertissent le monde.

« Chérubin, dit Satan, ton nom est Uriel :
» Je te connais ; je vois ce messager du Ciel
» Dont Dieu même empruntait les yeux et les oreilles,
» Qui proclame ses lois, annonce ses merveilles ;
» Et même, en ce moment, ambassadeur de Dieu,
» Peut-être il t'envoya vers ce monde de feu.
» Moi, simple voyageur dans ces nouvelles plages,
» Heureux, je viens jouir de ses nouveaux ouvrages.
» L'Homme, de ses travaux le plus cher à ses yeux,
» L'Homme excite surtout mon desir curieux ;
» C'est pour lui qu'il créa cette voûte azurée ;
» Pour lui j'ai quitté seul les champs de l'Empyrée.
» O brillant Séraphin, guide mes pas errants,
» Enseigne-moi, parmi ces mondes différents,
» Lequel habite l'Homme, ou si, changeant d'asile,
» Chaque orbe tour-à-tour devient son domicile ;
» Qu'en voyant les heureux que l'Éternel a faits,
» Je l'admire en silence, ou chante ses bienfaits.
» Touché de son amour, frappé de sa puissance,
» Trop heureux qui, pour lui plein de reconnaissance,
» Peut l'honorer dans l'Homme en ce vaste univers,
» Dans le palais des Cieux, au gouffre des Enfers,
» Des Anges révoltés la demeure éternelle !
» Sans doute à remplacer leur race criminelle

» Il a destiné l'Homme; et le Ciel réparé
» Nous verra plus heureux, et lui mieux adoré.
» Son règne est toujours juste, et sa loi toujours sage ».

De ce faux Séraphin tel est le faux langage.
Uriel est trompé : trop pardonnable erreur !
Quel Ange ou quel mortel peut lire au fond du cœur ?
L'œil de Dieu le peut seul ; mais souvent sa puissance
Laisse errer dans la nuit l'hypocrite licence,
Et par sa volonté, du moins par son aveu,
Elle parcourt la terre, entre dans le Saint-Lieu.
Hélas ! c'est vainement que la sagesse veille ;
Trop souvent le soupçon à sa porte sommeille ;
Et, follement tranquille en sa sécurité,
Abandonne son poste à la simplicité,
A la simplicité dont la bonté crédule
Trouve un air d'innocence au mal qu'on dissimule,
Tel est son sort : tel fut le destin d'Uriel ;
Lui, le plus clairvoyant des ministres du Ciel,
De son cœur généreux écoutant la droiture,
Sa franchise en ces mots répond à l'imposture :

« Quand une noble ardeur t'amène dans ce lieu,
» Pour voir, pour adorer les chefs-d'œuvre de Dieu,
» Je ne puis te blâmer, ô le plus beau des Anges !
» Non, ton zèle plutôt mérite mes louanges,
» O toi qui, t'arrachant aux délices du Ciel,
» Viens dans ces lieux lointains admirer l'Éternel,

» Et savoir par tes yeux ce que d'autres, peut-être,
» Sans s'exiler du Ciel, pourront bientôt connaître.
» Qu'il est bon, qu'il est grand dans ses nobles travaux,
» Celui qui donne l'être à ces mondes nouveaux !
» Qu'il est doux de les voir, d'en garder la mémoire !
» Mais qui pourra compter ces témoins de sa gloire ?
» Et combien sa sagesse éclate en ces bienfaits
» Dont il cache la cause et montre les effets !
» Moi-même en fus témoin, lorsque la masse immense,
» Informe et brute encor, parut en sa présence.
» Le Chaos l'entendit ; à sa puissante voix
» L'abîme en mugissant obéit à ses lois.
» Mais la nuit s'étendait sur la nature entière ;
» Dieu dit : Que le jour luise ! Il dit, tout fut lumière ;
» L'ordre naquit du trouble ; on vit chaque élément
» A son poste marqué courir docilement :
» Chacun selon son poids, l'air, l'eau, le feu, la terre,
» A leur place arrêtés, suspendirent leur guerre :
» Chacun eut son empire, et chacun son emploi ;
» Ils marchent asservis à leur constante loi.
» Le reste, dans l'espace en poursuivant sa route,
» Courut d'un mur solide environner la voûte.
» Vois ces champs azurés, que des rayons si doux
» D'une pâle lueur éclairent près de nous ;
» C'est la terre qui roule, à sa marche fidèle :
» Ce feu n'est pas le sien, mais il brille pour elle ;
» Sans lui cet hémisphère, où le faible jour luit,
» Comme l'autre moitié rentrerait dans la nuit.

» Mais ce point lumineux, la Lune (ainsi se nomme
» Cet astre consolant et si propice à l'Homme),
» De ses feux empruntés lui prête les secours.
» C'est elle qui des mois lui mesure le cours :
» Toujours renouvelée et toujours décroissante,
» Elle change trois fois sa figure inconstante ;
» Et, recouvrant ses feux dans son tour diligent,
» Elle chasse la Nuit, de son sceptre d'argent.
» Vois plus loin ce séjour peu vaste, mais fertile ;
» Là, des premiers humains est le riant asile ;
» Ces champs sont leur jardin, et ces bois leurs berceaux :
» Un facile chemin mène à ces lieux si beaux.
» Pars : mon devoir ici demande ma présence ».

 Il dit, et se détourne. En un profond silence,
Le fier Satan s'incline ; ainsi l'honneur des rangs
Distingue dans les Cieux les ordres différents.
Utile et saint devoir dont la douce puissance,
Inspirant le respect, nourrit l'obéissance.

 Il part, vole, dans l'air trace un large sillon,
Se roule vers la terre en brillant tourbillon,
Et ne s'arrête pas, dans l'ardeur qui l'anime,
Que du pompeux Niphate il n'ait touché la cime.

FIN DU LIVRE TROISIÈME.

REMARQUES

SUR LE LIVRE TROISIÈME.

Ce chant paraît inférieur aux deux premiers. Le Père éternel n'y parle pas toujours avec la noblesse et la majesté qui lui conviennent; ses discours sont trop longs : la dignité n'est jamais prolixe. De plus, il se justifie : ce qui est peu convenable au caractère de la toute-puissance. Du reste, on a mal-à-propos critiqué ce qu'il dit sur la liberté accordée à l'Homme; liberté sans laquelle le poème manquerait absolument de vraisemblance. Il faut que l'Homme soit libre pour être coupable, comme il faut qu'il soit coupable pour être puni. On ne peut faire le même reproche au discours du fils; en général ils sont écrits de la manière la plus noble et la plus intéressante; son dévouement vraiment divin est préparé avec beaucoup d'adresse. Il faut une grande victime au courroux de l'Être-Suprême; aucune des puissances célestes n'ose se charger de l'expiation : c'est au milieu du refus et du silence de tous les habitants du Ciel, que le fils de Dieu se présente pour holocauste ; le mystère de l'incarnation est exprimé dans son discours d'une manière sublime.

L'invocation à la lumière est justement célèbre : elle est écrite d'une manière admirable ; l'imagination de Milton y a déployé toute sa magnificence ; mais ce qui en fait le principal intérêt, ce sont les plaintes touchantes qu'il fait de sa cécité ; il exprime ses regrets de la manière la plus attendrissante. Le rapport malheureux que le traducteur a ici avec son auteur, a peut-être ajouté au plaisir et à la facilité avec lesquels il a transporté ce morceau de la langue anglaise dans la nôtre. Addison remarque qu'aucun poète épique, avant Milton, n'avait osé parler de lui ; mais il a pardonné cette innovation en faveur de la beauté de ce passage.

Jamais il n'y eut entre un poète et son sujet plus d'analogie qu'on n'en trouve entre celui du *Paradis perdu* et le génie de Milton. Il était né pour le sublime : après avoir peint d'une manière admirable les horreurs et les tourments de l'Enfer, il passe avec facilité à la peinture du Ciel et du bonheur dont il est l'asile.

Un des plus beaux morceaux de ce chant est celui où les Anges célèbrent, par des cantiques, le dévouement du fils de Dieu; il est plein de verve, de force et de chaleur.

L'auteur continue de peindre, de la manière la plus poétique, le voyage de Satan, qu'il conduit jusqu'aux limites du Chaos, sur les frontières du nouveau monde; l'intérêt s'accroît de toutes les difficultés et de tous les obstacles qu'il rencontre dans sa route. C'est avec raison qu'on a critiqué le *Paradis des Fous*; Milton n'a point ici les honneurs de l'invention, et cette idée convenait beaucoup mieux au poème héroï-comique de l'Arioste, dont il est emprunté. Milton, pour se l'approprier, n'a fait que le transporter de la Lune dans un autre globe : c'est faire trop peu de frais d'imagination; mais il n'a pu résister au plaisir d'y placer les moines, et toutes les cérémonies de l'église catholique. J'ai eu plus d'une raison de ne pas me charger de la traduction entière de ce morceau, faiblement écrit, et l'un des plus médiocres de l'ouvrage.

Milton est plus heureux dans la situation qu'il a choisie à Satan, pour voir de là les merveilles du nouveau monde et de la création.

Je ne puis finir ce chant sans observer l'adresse avec laquelle Satan, le prince des ténèbres, se fait instruire par un Ange de lumière, de la route qu'il doit tenir pour arriver au bocage d'Éden, où il se propose de tenter le premier Homme.

On peut voir, par cette analyse, que ce chant,

comme je l'ai dit plus haut, est inférieur aux deux premiers; mais il renferme de grandes beautés : et ces beautés, peut-être, sont d'un genre plus neuf et plus hardi que celles que j'ai remarquées dans les chants précédents.

ARGUMENT.

La vue d'Éden et du lieu où Satan doit exécuter l'attentat qu'il a projeté contre Dieu et contre l'Homme, commence à l'intimider; il se trouve agité de plusieurs passions, d'envie, de crainte et de désespoir; mais il se confirme dans le mal, et s'avance vers le Paradis. Description de la montagne au haut de laquelle il est situé. Il franchit tous les obstacles, se transforme en vautour, et se perche sur l'arbre de vie, qui s'élevait au-dessus de tous. Peinture de ce jardin délicieux. Satan considère Adam et Ève. La noblesse de leur figure et le bonheur de leur état le frappent d'étonnement; il persiste dans la résolution de travailler à leur ruine. Pour les mieux connaître, il épie en secret leurs discours. Par ce qu'il les entend dire, il apprend qu'il leur était défendu, sous peine de mort, de manger du fruit de l'arbre de la science; il fonde là-dessus le plan de sa tentation, et se propose de les engager à la désobéissance. Il diffère son attaque, afin de s'instruire plus particulièrement de leur état, avant que de rien entreprendre. Uriel, descendant sur un rayon du Soleil, avertit Gabriel, à qui la garde des portes du Paradis était confiée; il lui fait entendre qu'un esprit infernal s'était échappé; qu'il avait passé vers l'heure du midi par sa sphère, sous la forme d'un Ange heureux; qu'il s'était transporté au Paradis, et que ses gestes furieux sur le mont l'avaient trahi. Gabriel promet de le trouver avant le lever du Soleil. Adam et Ève s'entretiennent ensemble, et se retirent à la fin du jour pour goûter les douceurs du sommeil. Description de leur berceau; leur prière du soir. Gabriel fait faire la ronde aux esprits qui étaient de garde, et il détache deux Anges vers le berceau d'Adam, de peur que le malin esprit n'entreprenne quelque chose contre nos premiers pères, sans défense pendant leur repos. Ils le trouvent à l'oreille d'Ève, occupé à la tenter dans un songe, et ils l'amènent de force vers Gabriel. Il répond fièrement, et se prépare au combat; mais, effrayé par un signe du Ciel, il s'enfuit hors du Paradis. Ce quatrième livre, comme on le voit par cet argument, est le plus fécond en événements et en tableaux. C'est avec une sorte de ravissement que le lecteur est transporté tout-à-coup des régions de l'Enfer et de l'Empire du Chaos, dans les champs délicieux du Paradis terrestre. Ce séjour tranquille et l'innocence de nos premiers parents contrastent heureusement avec les scènes décrites dans les livres qui précèdent; ils font ressortir le caractère de Satan, et les fureurs de Satan font ressortir à leur tour les délices d'Éden.

PARADIS PERDU,
POÈME.

LIVRE QUATRIÈME.

Oh ! qui fera tonner ces redoutables mots
Qu'entendit dans les Cieux l'inspiré de Pathmos,
Ces accents qui, pareils à la foudre qui gronde,
Répétèrent : *Malheur aux habitants du monde !*
Alors que, terrassé pour la seconde fois,
Le dragon qu'annonçaient de prophétiques voix
Vint sur la Race humaine assouvir sa vengeance?
Oh ! quand il peut encor préparer sa défense,
Pourquoi l'Homme, entouré d'un piége insidieux,
N'est-il pas averti par cette voix des Cieux ?
Instruit par ce signal de l'approche du traître,
L'Homme à l'Ange perfide eût échappé peut-être.

   Le temps passe : Satan, son adroit tentateur,
Hélas ! et quelque jour son lâche accusateur,
Pour la première fois vient troubler son asile,
Et sur ce couple heureux, innocent et fragile,
Venger par leur trépas l'affront de ses revers,
La perte de son trône, et sa chute aux Enfers.

   Le moment est venu, j'entends gronder l'orage ;
L'horrible Satan vient, il vient brûlant de rage ;

Il hésite, il balance ; et, malgré sa fierté,
De ses propres fureurs recule épouvanté :
Tels, renfermant la mort, les bronzes de la guerre
Reculent au moment qu'ils lancent le tonnerre.
En vain du sombre abîme il croit être vainqueur ;
L'Enfer le suit partout, l'Enfer brûle en son cœur :
Pour éviter l'Enfer, en son désordre extrême,
Malheureux, il voudrait s'arracher à lui-même.
Le remords se réveille avec le désespoir.
N'osant se souvenir, et tremblant de prévoir,
De son ancien éclat la mémoire importune
D'un bonheur qui n'est plus accroît son infortune.
Ce qu'il fut, ce qu'il est, ce qu'il va devenir,
Pour des crimes plus grands un plus triste avenir,
Dieu, maître bienfaisant et vengeur implacable ;
Tout l'effraie ou l'aigrit, le menace ou l'accable.
Tantôt du frais Éden l'aspect délicieux
Offre à son œil jaloux ses champs rivaux des Cieux ;
Tantôt de l'Empyrée il contemple la voûte ;
Tantôt ce beau Soleil, au plus haut de sa route,
Épanchant de son trône un torrent de clartés,
Blesse de son éclat ses regards irrités :
Il gémit ; et, cédant à sa douleur profonde,
Il adresse ces mots au grand astre du monde :
« Globe resplendissant, majestueux flambeau,
» Toi qui sembles le Dieu de ce monde nouveau,
» Toi dont le seul aspect fait pâlir les étoiles,
» Et commande à la nuit de replier ses voiles,

LIVRE IV.

» Bienfait de mon tyran, chef-d'œuvre de ton roi,
» Toi qui charmes le monde, et n'affliges que moi,
» Soleil, que je te hais ! et combien ta lumière
» Réveille les regrets de ma splendeur première !
» Hélas ! sans ma révolte, assis au haut des Cieux,
» Un seul de mes rayons eût éclipsé tes feux ;
» Et, sur mon trône d'or, presque égal à Dieu même,
» J'aurais vu sous mes pieds ton brillant diadème.
» Je suis tombé ; l'orgueil m'a plongé dans les fers ;
» Il m'a fermé les Cieux et creusé les Enfers.
» Sujet, enfant ingrat, devais-je méconnaître
» Ce Dieu, mon bienfaiteur encor plus que mon maître ?
» Près de son trône assis, le vîmes-nous jamais
» Nous reprocher ses dons, nous plaindre ses bienfaits ?
» Des hymnes, de l'encens pour ce monarque auguste :
» Quelle tâche plus douce, et quel tribut plus juste ?
» Je pervertis ses dons ; je me fis son rival ;
» Je crus qu'encore un pas, je marchais son égal :
» De ses faveurs sans fin craignant la dette immense,
» Je secouai le poids de la reconnaissance ;
» Malheureux que je suis ! n'ai-je pas dû savoir.
» Qu'un cœur tendre jamais ne craint de recevoir ?
» Aimer, c'est reconnaître ; et mon amour fidèle
» Seul put payer d'un Dieu la bonté paternelle ;
» Qu'il est doux, quand ses dons renaissent tous les jours,
» Et de rendre sans cesse, et de devoir toujours !
» Pourquoi fus-je placé si près du rang suprême ?
» Hélas ! tout mon malheur est né du bonheur même ;

» Plus éloigné du trône il n'eût pu me tenter :
» Le faible se soumet, le puissant veut monter.
» Oui, l'orgueil du pouvoir me conduisit au crime ;
» Je prétendis au trône, et tombai dans l'abîme.
» Mais quoi! de sa puissance enivré comme moi,
» Quelque autre aurait peut-être osé braver son roi,
» Et suivant de l'orgueil l'amorce enchanteresse,
» Aurait dans ses complots entraîné ma faiblesse?
» Mais non ; de mes égaux aucun n'a succombé ;
» Tous sont restés debout ; moi seul, je suis tombé.
» Mais Dieu des mêmes dons m'accorda t-il l'usage?
» Oui, ce Dieu donne à tous même force en partage ;
» Et de quoi donc me plaindre, et qui donc accuser ?
» Non, rien ne te manqua, rien ne peut t'excuser.
» Peut-être en s'égarant ton cœur ne fut pas libre?
» Il l'était, et toi seul as rompu l'équilibre.
» Dieu signale pour tous son amour paternel.
» Eh bien! qu'il soit maudit, cet amour si cruel,
» Cet amour qui, pour moi plus fatal que sa haine,
» M'accable sous le poids d'une éternelle peine!
» Dieu maudit! ah! plutôt sois maudit mille fois,
» Toi, sujet révolté qui, coupable par choix,
» As de ta liberté fait un indigne usage,
» Dieu fit ta liberté, tes maux sont ton ouvrage.
» Où me cacher ? où fuir son pouvoir souverain,
» Son œil inévitable, et sa terrible main ?
» Sa puissance est sans borne, et mon malheur l'égale.
» Vainement j'ai brisé ma prison infernale :

» Ah! l'Enfer véritable est au fond de mon cœur;
» Lui-même est un enfer creusé par ma fureur;
» Gouffre plus effrayant, plus dévorant abîme,
» Que l'antre épouvantable où m'a plongé le crime;
» Près de lui, je le sens, l'Enfer même est un Ciel:
» Eh bien! sois repentant, si tu fus criminel:
» N'est-il plus de remords, ou n'est-il plus de grâce?
» Devant le Dieu vengeur fais plier ton audace.
» Moi, plier! ce mot seul est un affront pour moi.
» Que diraient ces guerriers dont j'ai séduit la foi?
» Ah! quand ils m'opposaient à ce Dieu que je brave,
» Leur ai-je donc promis de revenir esclave?
» Dois-je, aux pieds du tyran me courbant en leur nom,
» Au lieu de la vengeance emporter le pardon?
» Ah! si je dus prétendre à leur obéissance,
» C'était sur les débris de sa toute-puissance;
» Et quand à pardonner il pourrait consentir,
» Le pardon serait court comme le repentir:
» Satan s'indignerait d'avoir obtenu grâce.
» Assis au même rang, j'aurais la même audace;
» Je briserais mes fers, et bientôt le bonheur
» Se joûrait d'un serment qu'arracha le malheur.
» Bientôt j'attaquerais un Dieu que je déteste,
» Et ma seconde chute en serait plus funeste:
» Faut-il payer si cher cette paix d'un moment,
» Qui croîtrait à la fois ma honte et mon tourment?
» Rien ne peut de l'orgueil refermer les blessures;
» On pardonne les maux, mais non pas les injures.

» Les traits dont ma percé mon superbe vainqueur
» Sont entrés trop avant dans le fond de mon cœur :
» Notre ennemi le sait : loin de nous faire grâce,
» L'Homme, son favori, dans son cœur nous remplace.
» Il a créé pour lui ces champs délicieux ;
» Il donne à l'Homme un monde et nous bannit des Cieux;
» Adieu donc l'espérance, et la crainte avec elle !
» Fuyez, lâches remords ! vengeance, je t'appelle !
» Que du monde entre nous l'empire soit égal :
» Qu'il soit le Dieu du bien, je le serai du mal.
» C'en est fait, je lui voue une éternelle guerre :
» Nous aurons tous les deux nos autels sur la terre;
» Et ces êtres chéris, ce Paradis charmant,
» Seront de mon pouvoir le premier monument ».

 Tandis qu'il parle ainsi, sont peints sur son visage
Le désespoir, la haine et la jalouse rage :
Son teint, qui par trois fois a changé de couleur,
A des yeux attentifs eût révélé son cœur,
Et ses trompeurs dehors et son fatal message :
Au front des immortels brille un jour sans nuage.
Soudain il dissimule, et, composant ses traits,
Sur son front hypocrite il affecte la paix.
C'est lui, qui le premier, déguisant sa malice,
D'un semblant de vertu sut habiller le vice.
Sa feinte eût abusé les regards d'un mortel,
Mais il ne peut tromper l'œil perçant d'Uriel :
Cet œil, qui l'a conduit jusqu'aux monts d'Assyrie,
Méconnaît dans ses traits sa céleste patrie.

Quand Satan se croit seul, l'Archange vigilant
A vu son air troublé, son œil étincelant,
Son geste furieux, sa marche turbulente.

Toutefois, poursuivant sa course menaçante,
Jusqu'aux plaines d'Éden Satan s'est avancé :
Il regarde ; et, dans l'air doucement exhaussé,
De près s'offre à ses yeux un coteau que couronnent
De leurs rameaux touffus les bois qui l'environnent.
De ce mont chevelu les arbrisseaux nombreux
Épaississent partout le taillis ténébreux ;
Et leur richesse inculte, et leur luxe sauvage,
De l'enceinte sacrée interdit le passage.
Plus haut, le frêne altier, le cèdre oriental,
Le palmier élancé, le pin pyramidal,
De cette scène agreste, amphithéâtre sombre,
Montant de rang en rang, jetaient ombre sur ombre.
Au-dessus, déployant leurs rameaux fastueux,
Un innombrable amas d'arbres majestueux
L'environnent partout d'un rempart de verdure :
Toutefois dominant cette immense clôture,
L'Homme contemple au loin son empire nouveau.
Enfin, tournant en cercle au sommet du côteau,
Plus agréable aux yeux et plus utile encore,
Un choix d'arbres féconds à l'envie le décore.
Là, près du fruit naissant la feuille s'épanouit ;
L'arbre donne et promet, l'œil espère et jouit.
Libéral envers eux de sa douce influence,
Le Soleil les mûrit, les dore, les nuance,

PARADIS PERDU,

Plus richement cent fois qu'il ne peint à nos yeux
Les nuages du soir ou l'arc brillant des Cieux.

   Satan vient : plus ses pas approchent du bocage,
Et plus l'air devient pur et brille sans nuage :
Air suave, air divin, et dont l'heureux pouvoir
Peut calmer tous les maux, tous, hors le désespoir !
Le printemps tout entier autour de lui respire :
Dans les champs, sur les eaux folâtre le Zéphyre ;
Sa molle haleine exhale un air délicieux ;
Du doux bruit de son vol il anime ces lieux,
Parcourt les fruits nouveaux, baise les fleurs nouvelles,
De leur ambre en passant il embaume ses ailes,
Et court aux antres verts apprendre en murmurant
Sur quels bords il cueillit ce tribut odorant.
Ainsi, lorsqu'au nocher qui, côtoyant l'Afrique,
Laisse bien loin de lui les tours de Mozambique,
De la rive où le nord regarde l'orient,
Arrivent les parfums de ce climat riant
Où l'Arabe moissonne et l'encens et la myrrhe ;
Tout-à-coup, enchanté du baume qu'il respire,
Et de la voile oisive oubliant le secours,
Il s'arrête ; il se plaît à ralentir son cours ;
Parfumé de l'encens que le rivage envoie,
Le vieil Océan même en a souri de joie ;
Et bien loin de ces bords les heureux matelots
Hument l'air embaumé qui les suit sur les flots :
Tel jouissait Satan : tel, marchant en silence,
Il admire ces lieux qu'afflige sa présence.

Pensif et solitaire, il arrive à pas lents ;
Pour chercher un passage il s'égare long-temps :
Sous la voûte des bois, les buissons qui l'enlacent
De leurs tissus épais l'arrêtent, l'embarrassent,
Et dérobent aux yeux, en croisant leurs rameaux,
Les vestiges des hommes et ceux des animaux.
 Seul, aux bords opposés, du côté de l'aurore,
Sous des ombrages frais, un accès reste encore :
A peine il l'aperçoit, son superbe dédain,
Fuit un abord facile ; il s'élance, et soudain,
Franchissant de ces lieux l'inviolable entrée,
Il retombe, et s'abat dans l'enceinte sacrée.
Ainsi, quand le berger dort avec ses troupeaux,
Vers le faible rempart, garant de leur repos,
Terrible, aiguillonné par sa faim meurtrière,
Le loup vient, et d'un saut a franchi la barrière :
Tel le brigand nocturne assiége le trésor
Où l'avide opulence accumule son or ;
En vain d'épais barreaux, en vain le coffre avare,
Opposent un obstacle aux assauts qu'il prépare ;
Il brise le vitrage, il dépouille les toits,
Descend, pille, et remonte, affaissé sous le poids :
Tel ce premier brigand, cet Archange homicide,
Aux murs chéris de Dieu livre un assaut perfide,
Monte à l'arbre de vie, arbre qui vers les Cieux
Lève au dessus de tous son front audacieux.
Sous les traits d'un vautour à la serre cruelle,
Satan n'y cherche point une vie éternelle :

Non ; des êtres vivants, dans son affreux transport,
Sur l'arbre de la vie il médite la mort.
Il n'attend pas non plus que cet arbre l'inspire,
Et des vertus en lui renouvelle l'empire :
C'est un poste élevé d'où ses avides yeux
Cherchent au loin la proie où prétendent ses vœux.
Ainsi Dieu seul connaît, et Dieu seul apprécie
Les véritables maux, les vrais biens de la vie :
Le reste corrompt tout, et par un sort fatal
Fait trop souvent du bien les instruments du mal ;
Ou, profanant du Ciel les plus brillants ouvrages,
Souvent les prostitue à d'indignes usages.

 Satan contemple au loin ce sol délicieux,
Et son œil sur la terre a cru revoir les Cieux :
Riche de fruits, de fleurs, de ruisseaux, de verdure,
Dans une étroite enceinte il contient la nature ;
C'est le jardin de Dieu, c'est son plus doux séjour,
L'objet de ses bienfaits, l'objet de son amour.
D'Auran, dont il bordait la pleine orientale,
Dieu même l'étendit jusqu'à la tour royale,
Que les fiers Séleucus bâtirent autrefois.
Là, ses mains ont planté des arbres de son choix ;
De la terre encor vierge innocentes prémices,
L'œil, le goût, l'odorat, en faisaient leurs délices.
Plus fleuri, plus riant, et plus superbe encor,
L'arbre heureux de la vie y porte des fruits d'or :
Sources de nos malheurs, près de l'arbre de vie,
L'arbre de la science a trouvé sa patrie ;

Arbre funeste, hélas! par lui l'Ange infernal
De la source du bien fit éclore le mal.
Du côté du midi sur sa brillante arène,
Un fleuve en cent détours s'égare dans la plaine,
Rencontre une montagne, et sans se détourner
Ses ondes, dans ses flancs, courent s'emprisonner;
Pour dominer au loin cette riche campagne,
L'Éternel de ses mains posa cette montagne;
Lui-même la plaça sur ses rapides eaux.
Là, du sol altéré mille secrets vaisseaux
(Ainsi Dieu l'ordonna) boivent par chaque veine
L'eau qui monte et s'élève en immense fontaine,
Et s'épanche en ruisseaux dans ce riant jardin;
Tous vont se réunir dans un vaste bassin,
Et, se félicitant de l'art qui les rassemble,
En bruyante cascade ils retombent ensemble;
Puis, fier et triomphant de reparaître au jour,
Le fleuve, libre enfin, les rappelle à son tour.
Tous alors, reprenant leur course vagabonde,
Partagent de nouveau le tribut de leur onde,
Parcourent cent pays, cent royaumes divers,
Dont l'inutile nom est banni de mes vers.
Mais si l'art en pouvait retracer la peinture,
J'aimerais mieux conter comment cette onde pure
Verse en flots azurés, en nappes de saphir,
Mille brillants ruisseaux que ride le zéphyr;
Qui tous, se défiant dans leur course rivale,
Baignent les sables d'or, la perle orientale;

Et fuyant, s'écartant, et revenant encor,
Roulent de leur nectar le liquide trésor ;
Sous la voûte des bois, dans la plaine brillante,
Visitent chaque arbuste, abreuvent chaque plante,
Désaltèrent ces fleurs, les délices des yeux,
Ces fleurs dignes d'Éden, ces fleurs dignes des Cieux :
Aux froids compartiments, aux formes régulières,
L'art n'assujettit point leurs tribus prisonnières ;
La Nature, au hasard, d'une prodigue main
De la terre émaillée en a paré le sein :
L'une s'épanouit aux doux feux de l'aurore ;
Des flammes du midi cette autre se colore,
Et, fier d'étaler son calice vermeil,
S'ouvre amoureusement aux rayons du Soleil ;
D'autres, aux bois touffus, au sein des forêts sombres,
Dont les épais rameaux rembrunissent les ombres,
Aiment à confier leurs modestes attraits.
Source de voluptés et bientôt de regrets,
Tel était ce jardin, riant et magnifique,
Simple et majestueux, élégant et rustique.
Là, brillent suspendus ces globes précieux,
Dont le suc plaît au goût, et la couleur aux yeux :
Ces fruits d'or végétal, ces pommes délectables,
Ont dans ces lieux divins réalisé les fables.
Ailleurs, mille arbrisseaux distillent en pleurant
La myrrhe précieuse et le baume odorant :
L'œil voit de frais gazons, de riantes prairies,
D'heureux troupeaux tondant les pelouses fleuries,

Des palmiers ombrageant de modestes coteaux,
Des vallons émaillés : de limpides ruisseaux
Nourrissent ces trésors de leurs eaux cristallines,
Et parmi tant de fleurs la rose est sans épines.
Plus loin, des antres verts ignorés du soleil,
Par leur douce fraîcheur invitent le sommeil ;
Sur eux rampe le lierre, ou, montant avec grâce,
De ses bras tortueux la vigne les embrasse,
Et le long de leur voûte élève dans les airs
Et ses grappes de pourpre et ses feuillages verts.
Parmi ce luxe agreste, en chutes argentines,
Plus d'un ruisseau descend du sommet des collines,
Puis, au sein d'un beau lac, dont les bords festonnés,
De myrtes sont couverts et de fleurs couronnés,
Va finir ses erreurs, et de ses eaux brillantes
Déploie en frais miroir les nappes transparentes.
L'eau mollement frémit, l'oiseau chante, les vents
Emportent les parfums des feuillages mouvants ;
Et l'air à ces doux bruits, concerts de la nature,
Des bois harmonieux accorde le murmure.
La fable aurait cru voir les Grâces, les Saisons,
S'entrelaçant en chœur, bondir sur les gazons,
Les fouler en cadence, et Pan même à leur tête,
D'un printemps éternel y célébrer la fête :
Non, du fertile Enna les paysages frais,
Ces beaux lieux, où jadis la fille de Cérès
Cueillait en paix des fleurs bien moins brillantes qu'elle,
Quand Pluton l'enleva dans la nuit éternelle,

Et que sa mère en pleurs parcourut l'univers,
N'étaient pas si féconds, si riants et si verts.
Au bosquet de Daphné que vient baigner l'Oronte,
Aux eaux de Castalie, Éden aurait fait honte ;
Ces bocages heureux qu'arrose le Triton,
Ces coteaux fortunés où Jupiter, dit-on,
Cacha Bacchus enfant et la chèvre Amalthée,
N'avaient rien de si beau dans leur île enchantée :
Enfin ce mont brûlant, ou l'on dit qu'autrefois
Se jouaient sur les fleurs les enfants de ses rois,
Où le Nil prend son cours, où de ses rocs d'albâtre
Le voyageur parcourt le long amphithéâtre,
Sur qui du premier homme on plaça le jardin,
N'offraient rien de pareil au véritable Éden.

 Satan d'un œil jaloux contemple ces délices ;
Ce séjour de plaisirs redouble ses supplices.
Parmi ceux qui peuplaient ces bords voluptueux,
Un couple au front superbe, au port majestueux,
A frappé ses regards ; leur noble contenance,
Leur corps paré de grâce est vêtu d'innocence,
Tout en eux est céleste ; et l'Ange des Enfers
A d'abord reconnu les rois de l'univers.
Ils l'étaient, et tous deux étaient dignes de l'être :
En eux resplendissait l'image de leur maître.
Par amour, non par crainte, ils observent sa loi ;
Ils l'adorent en père, et l'honorent en roi :
C'est de ce grand pouvoir qu'émane leur puissance,
Et leurs droits sont fondés sur leur obéissance :

Mais leur sexe diffère ainsi que leurs attraits,
Et distingue leur âme aussi-bien que leurs traits :
L'un reçut la valeur et la haute sagesse ;
L'autre le doux maintien, la grâce enchanteresse ;
Tous deux, enfants du Ciel, vivent dans ce beau lieu,
Lui pour Dieu seulement, elle pour l'Homme et Dieu.
Dans les yeux de l'époux la majesté respire ;
Il est né pour la gloire, il est né pour l'empire :
Sur son front mâle et fier ses cheveux partagés
Voilent son cou d'albâtre ; et leurs flots négligés,
Sans passer son épaule, en grappes ondoyantes
Roulaient le jais brillant de leurs touffes pendantes.
Comme un voile flottant, sans ornement, sans art,
La chevelure d'Ève, assemblée au hasard,
Couvrait sa belle taille, et de ses tresses blondes
Aux folâtres zéphyrs abandonnait les ondes :
Chaque boucle ressemble à ces tendres rameaux
Dont la vigne flexible embrasse les ormeaux,
Emblème de l'appui que son sexe demande ;
Mais en obéissant, sa faiblesse commande.
L'un exige avec grâce, aime avec dignité,
L'autre laisse fléchir sa modeste fierté,
Et par son amoureuse et douce résistance,
Différant le plaisir, accroît la jouissance.
Ainsi sont réunis la force et la douceur,
L'empire et la bonté, l'amour et la pudeur ;
Non point cette pudeur, enfant honteux du crime :
O triste sentiment, qu'un vil orgueil anime,

Tu n'étais point alors! un voile injurieux
Ne calomniait point le chef-d'œuvre des Cieux.
Depuis, des vêtements l'hypocrite parure,
En voilant ses trésors, outragea la Nature :
La honte est arrivée, et la pudeur a fui.
L'homme oublia sa gloire en rougissant de lui,
Et, perdant la candeur ainsi que l'innocence,
Au prix des vrais plaisirs acheta la décence :
Tels n'étaient point encor les rois de ce beau lieu.
L'un et l'autre, aux regards des Anges et de Dieu,
Se présentaient sans voile; et leur nudité sainte,
Comme elle était sans crime, était aussi sans crainte;
Ou plutôt tous les deux ils l'ignoraient encor.
Tous deux, de leurs beautés déployant le trésor,
De leurs sexes divers le plus parfait modèle,
Des hommes le plus beau, des femmes la plus belle,
Délices l'un de l'autre, honneur du Genre humain,
Erraient parmi les fleurs en se donnant la main.
Les soins de leur jardin les occupaient sans peine ;
Leur travail sans fatigue, et leur tâche sans gêne,
Par un contraste heureux rendent à ces époux
Leurs mets plus savoureux, et leur repos plus doux.
Sous un épais ombrage, aux bords d'une onde pure,
Où des zéphyrs légers frémit le doux murmure,
Tous les deux étendus, à l'abri des chaleurs,
Foulaient un vert gazon paré de mille fleurs,
Grâce aux soins journaliers de leurs doux exercices,
Leur soif a ses plaisirs, leur faim a ses délices :

Simple était leur festin; les arbres complaisants,
Eux-mêmes de leurs fruits leur offraient les présents;
Et, s'inclinant vers eux, les branches tributaires
Font hommage à leur roi de ces dons volontaires.
Quand leur faim a vécu de ce riche trésor,
Dans le sein parfumé de leur écorce d'or
Leur soif puise une eau pure; et, par un double usage,
Le même fruit contient leur coupe et leur breuvage.
De ce charmant repas vous n'étiez pas absents,
Agréables souris, entretiens innocents!
Ni vous, du doux hymen légitimes tendresses,
Dont ce lieu solitaire enhardit les caresses!
Du Souverain du monde innombrables vassaux,
Autour d'eux folâtraient les divers animaux)
Alors sujets heureux, soumis sans esclavage,
Qui depuis, s'enfonçant dans la forêt sauvage,
Dans le creux des rochers, dans le fond des déserts,
Craignent et font trembler le Roi de l'univers.
Devant eux déployant sa gaîté caressante,
Le lion tient l'agneau dans sa griffe innocente;
Ensemble se jouaient, confusément épars,
Le lynx aux yeux perçants, les ours, les léopards;
Le lourd éléphant même à leur plaire s'empresse,
Montre tantôt sa force, et tantôt son adresse,
Et, de sa trompe agile épuisant tous les jeux,
En roule tour-à-tour et déroule les nœuds;
Tandis qu'aux pieds de l'Homme, hélas! sans défiance,
D'un air insidieux se glissant en silence,

Sans être soupçonné le perfide serpent
Se traîne en longs anneaux, et s'avance en rampant.
D'autres dorment couchés sur la fraîche verdure,
Et d'un air indolent ruminent leur pâture.

 Cependant par degrés s'obscurcissent les airs :
Le Soleil fatigué descendait dans les mers ;
Et l'étoile du soir, à la nuit taciturne,
Revient prêter les feux de sa lampe nocturne.
Immobile long-temps, l'Archange ténébreux
Enfin laisse éclater ces accents douloureux :

 « Puissances de l'Enfer, voilà donc cette race
» A qui notre oppresseur a promis notre place !
» O rage ! ils sont heureux, et nous sommes proscrits !
» Plus je les considère, et plus je suis surpris.
» Assemblage nouveau de lumière et de fange,
» Voisins de la matière, ils approchent de l'Ange ;
» Moi-même, en les voyant si semblables à nous,
» Je sens que ma pitié balance mon courroux.
» Tant sur eux l'Éternel a répandu de grâce.
» Oh ! si tu prévoyais le sort qui te menace !
» Hâte-toi, couple aimable, hâte-toi de jouir ;
» Plaisir, honneurs, repos, tout va s'évanouir ;
» Oui, bientôt tes douleurs égaleront ta joie :
» Tremble, le malheur vient et demande sa proie.
» Comment a pu de Dieu la funeste bonté
» Joindre à tant de grandeur tant de fragilité ?
» En vain ce Dieu pour toi fit un Ciel sur la Terre,
» C'est Satan, oui, c'est moi qui t'apporte la guerre.

» Ah! celui qui pour toi créa ces nouveaux lieux,
» Contre un tel ennemi dut les protéger mieux;
» Le voilà près de vous. Mais, que dis-je? la haine,
» O couple fortuné! n'est pas ce qui m'amène:
» Non, le triste abandon qui m'intéresse à toi,
» M'inspire une pitié que Dieu n'eut pas pour moi,
» Je viens à mes destins unir votre fortune;
» Nos droits seront communs, notre cause commune:
» Vous vivrez avec moi, je veux vivre avec vous.
» Je ne vous promets point ce Paradis si doux,
» Ces vergers odorants, et ce jardin fertile;
» Toutefois, tel qu'il est, acceptez mon asile:
» Tel qu'il me fut donné je vous l'offre à mon tour.
» Bientôt, pour vous conduire à ma nombreuse cour,
» Des princes et des rois vont vous servir d'escorte,
» Et pour vous les Enfers élargiront leur porte.
» Ce n'est point cet espace étroit et limité:
» Vous, vos fils, leurs enfants et leur postérité,
» Habiterez à l'aise en mes vastes domaines.
» Si les plaisirs y sont moins nombreux que les peines,
» Accusez-en le Dieu qui força ma fureur
» A vous punir des maux dont lui seul est l'auteur.
» Oui, j'ai pitié de vous, je plains votre innocence;
» Mais la raison d'état emporte la balance:
» Mes affronts à venger, un monde à conquérir,
» Ont endurci ce cœur tout prêt à s'attendrir:
» J'embrasse malgré moi ce que l'honneur demande,
» Et la pitié se tait quand la gloire commande ».

Ainsi Satan s'armait, pour des crimes si grands,
De la nécessité, l'excuse des tyrans.
Aussitôt de son poste il descend, il se glisse
Parmi les animaux dont le joyeux caprice
Folâtre innocemment sous les ombrages frais.
De chacun tour-à-tour il emprunte les traits ;
Sous ces traits imposteurs, qu'avec art il emploie,
Il vient, sans être vu reconnaître sa proie ;
Près des époux, marchant par d'obliques détours,
Il vient étudier leurs gestes, leurs discours ;
Tantôt du fier lion prend l'épaisse crinière,
Les yeux étincelants et la démarche altière ;
Tantôt ressemble au tigre adroit et furieux,
Qui, de deux jeunes faons suivant de loin les jeux,
Se tapit, se relève, et d'espace en espace,
Avançant par degrés, choisit enfin la place
D'où le traître, allongeant deux griffes à la fois,
Tous les deux les enlève, et s'enfuit dans les bois.
Cependant, sous ces traits quand Satan se déguise,
A sa chère compagne, à ses côtés assise,
Adam ouvre son cœur ; et l'auteur de ses maux
Prête une oreille avide à ces accents nouveaux :

« Toi, par qui ces beaux lieux s'embellissent encore,
» Toi, le premier bienfait de ce Dieu que j'adore,
» Sans doute à son pouvoir s'égale sa bonté,
» Dit-il ; eh ! de ce Dieu qu'avions-nous mérité ?
» Qu'a-t-il besoin de nous, lui dont la main féconde
» Nous tira de la poudre, et nous donna le monde ?

» Et, pour tant de bienfaits, qu'exige-t-il de nous ?
» Dans ce riche jardin, dont les fruits sont si doux,
» Près de l'arbre de vie est l'arbre de science ;
» Tous, lui seul excepté, sont en notre puissance :
» Chère Ève, tu le vois ; de la vie à la mort
» L'espace n'est pas long. Contents de notre sort,
» Gardons-nous d'irriter la colère céleste.
» Si nous osons toucher à cet arbre funeste,
» La mort en est le prix, et, je ne sais pourquoi,
» Ce nom seul de la mort me pénètre d'effroi.
» Ah ! lorsque nous régnons sur tout ce qui respire,
» Quand l'air, la terre et l'eau sont par lui notre empire,
» Chère Ève, pourrions-nous méconnaître ses dons ?
» Obéissons au Dieu par qui nous commandons :
» N'allons pas, oubliant notre heureuse innocence,
» Pour un faible plaisir, perdre un bonheur immense ;
» Et, quand de tous ces biens il nous laisse le choix,
» Défendons-nous le seul que défendent ses lois.
» Peut-on lui refuser ce léger sacrifice ?
» Ève, rendons hommage à sa main bienfaitrice ;
» Bénissons ses bontés, célébrons ses grandeurs ;
» Poursuivons sous ses yeux nos agrestes labeurs ;
» Soignons ces fruits naissants, taillons ces jeunes plantes
» Étayons d'un appui leurs tiges languissantes :
» De ces travaux lui-même il nous a fait la loi ;
» Mais ces travaux sont doux, partagés avec toi ».

Il dit ; Ève répond : « O mon guide, ô mon maître !
» Toi de qui, toi pour qui l'Éternel m'a fait naître.

» Sans qui mon existence est une erreur de Dieu ;
» Non, nous ne pouvons pas, j'en fais le doux aveu,
» Lui payer trop d'encens et de reconnaissance.
» Chaque jour nous devons célébrer sa puissance ;
» Moi, surtout, qu'il honore en m'unissant à toi ;
» Moi, qui jouis de tout en jouissant de toi.
» Il épuisa sur toi sa bonté libérale :
» Hors de toi, cher Adam, est-il rien qui t'égale ?
» J'aime à me rappeler ce mémorable jour,
» Ce jour qui commença ma vie et mon amour,
» Je dormais sur des fleurs ; tout-à-coup je m'éveille,
» De mon être inconnu j'admire la merveille ;
» J'ignore d'où je viens, qui je suis, dans quels lieux ?
» J'écoute les objets que regardent mes yeux ;
» J'entends dans une grotte une onde murmurante :
» Elle sort, se déploie en nappe transparente ;
» Je regarde, et du jour, dans son sein répété,
» Mon œil se plaît à voir la brillante clarté.
» De ces bords enchanteurs, sur cette plaine humide,
» Je hasarde un regard ignorant et timide :
» O prodige ! mon œil y retrouve les Cieux.
» Une image flottante y vient frapper mes yeux ;
» Pour mieux l'examiner, sur elle je m'incline ;
» Et l'image à son tour s'avance et m'examine ;
» Je tressaille et recule : à l'instant je la voi
» S'effrayer, tressaillir, reculer comme moi.
» Je ne sais quel attrait me ramène vers elle ;
» Vers moi, même penchant aussitôt la rappelle :

» Enchantés de la voir, mes yeux cherchent les siens;
» Enchantés de me voir, ses yeux cherchent les miens;
» Et peut-être en ces lieux ma crédule tendresse,
» Admirerait encor sa forme enchanteresse,
» Si, me désabusant de sa fausse amitié,
» Du fond de ce bocage une voix n'eût crié:
« Ève, que prétends-tu? Cette image est toi-même;
» Une ombre ici te plaît; c'est une ombre qui t'aime;
» Elle vient, elle fuit, et revient avec toi.
» Sors de l'illusion, charmant objet, suis-moi:
» Viens, je te montrerai, non plus une ombre vaine,
» Mais l'être à qui te lie une éternelle chaîne;
» Tu feras son bonheur, et ses empressements
» Paîront d'un doux retour tes doux embrassements.
» Par lui du Genre humain sois la mère féconde,
» Et de nombreux enfants peuplez tous deux le monde».
» Je suivis cette voix: pouvais-je faire mieux?
» Par un guide invisible amenée à tes yeux,
» Je te vis étendu sous un platane sombre,
» Qui sur ton front auguste élargissait son ombre;
» J'admirai tes beaux traits, ton air de majesté;
» Mais je ne trouvai point dans ta mâle beauté
» Ces dehors séducteurs, cette grâce attrayante
» Que m'offrait dans les eaux cette image charmante.
» Timide, je fuyais, tu courus après moi:
« Chère Ève, disais-tu, bannis ce vain effroi!
» Sais-tu bien qui tu fuis dans mon erreur extrême?
» C'est la chair de ta chair; c'est un autre toi-même;

» C'est la moitié de toi, ta plus chère moitié ;
» C'est l'être à qui ton être est à jamais lié.
» Moi-même, à mes dépens, t'ai donné l'existence,
» Et tout près de mon cœur j'ai choisi ta substance :
» Viens trouver ton époux, ton frère, ton ami ;
» Viens, sans toi je n'existe et ne vis qu'à demi ».
» Tu me suis, tu m'atteins ; ta main saisit la mienne,
» Et ma main sans effort s'abandonne à la tienne ;
» Tu la mets sur ton cœur. Ah ! depuis ce beau jour,
» Je sens que la beauté produit bien moins l'amour
» Que les mâles attraits, la sagesse profonde,
» Vrais ornements de l'Homme et du maître du monde ».
   Sur Adam à ces mots, d'un air affectueux,
Elle jette un regard chaste et voluptueux,
Tel qu'en permet l'hymen, tel qu'amour en inspire :
Le Ciel qui la forma se peint dans son sourire.
Le cœur sur son époux doucement appuyé,
Ses bras respectueux l'entourent à moitié ;
Et, voilant à demi ce sein qu'il idolâtre,
Ses cheveux d'or flottaient sur sa gorge d'albâtre.
Adam reste muet, il admire tout bas
Un amour si soumis, de si chastes appas ;
Et ses yeux, rassurant la beauté qui l'embrasse,
Peignent la majesté souriant à la grâce :
Tel on peint Jupiter souriant à Junon,
Lorsque l'air fécondé par leur douce union,
Dans ces moites vapeurs dont nos fleurs sont écloses,
Nous verse le printemps, et fait pleuvoir les roses.

L'affreux Satan l'observe, il le voit déposer
Sur une lèvre chaste un pudique baiser :
Il le voit, et soudain détourne son visage,
Leur jette de côté des regards pleins de rage,
Et ses dépits jaloux s'exhalent en ces mots :
« O spectacle effroyable ! ô supplices nouveaux !
» Ah ! pourquoi des Enfers ai-je quitté le gouffre ?
» Ils aiment quand je hais, sont heureux quand je souffre;
» Et, sûrs d'un Paradis bien plus délicieux,
» Dans les bras l'un de l'autre anticipent les Cieux.
» Pour moi sont les Enfers, les affronts, les vengeances;
» Des torrents de malheur, des siècles de souffrances ;
» Plus de paix, plus d'amour, plus de félicité ;
» Mais d'un long désespoir l'affreuse éternité !
» Que dis-je ? un grand secret est sorti de leur bouche :
» Ils ont parlé d'un fruit funeste à qui le touche ;
» Dieu leur en interdit l'usage dangereux :
» Est-ce un arrêt de mort ? est-ce un crime pour eux ?
» Leur bonheur serait-il fondé sur l'ignorance ?
» Est-ce une preuve enfin de leur obéissance,
» Un garant de leur foi ? S'il est vrai, je les plains :
» Oui, ma vengeance est sûre, et leurs malheurs certains.
» Je pars, je leur peindrai la jalouse défense
» D'un Dieu qui veut lui seul posséder la science ;
» Il craint que le savoir ne les égale aux Dieux ;
» Et ce fruit va tenter ce couple ambitieux :
» S'il y touche, il est mort, et sa perte me venge.
» Mais ne négligeons rien ; peut-être ici quelque Ange

» Repose près des eaux, dans le fond des bosquets,
» Et je pourrai de lui tirer d'autres secrets ;
» Voyons tout, sachons tout. Et toi, toi que j'abhorre,
» Couple charmant, jouis quand tu le peux encore !
» Tes moments sont comptés : hâte-toi ; je reviens,
» Et tes maux éternels vont égaler les miens ».
   Il dit : et du succès enorgueilli d'avance,
Il marche avec fierté, mais non sans défiance ;
Bois, forêt et clairière, et montagne et vallon,
Son œil éclaire tout. Aux lieux où l'horizon
Montre aux regards trompés la limite du monde,
Et la voûte des Cieux jointe aux plaines de l'onde,
Le Soleil se couchait ; et ses rayons dorés,
Rasant au loin la terre, et, baissant par degrés,
Regardaient du jardin la porte orientale ;
Là, portant jusqu'aux Cieux sa hauteur inégale,
S'offre un rocher d'albâtre, au loin resplendissant,
Et, dans les cavités du roc éblouissant,
S'ouvre un large chemin qui, de l'humble campagne,
Conduisait en tournant au haut de la montagne ;
Le reste, âpre, escarpé, vers ses affreux sommets,
Sous sa masse pendante interdit tout accès.
Assis entre ces rocs, entouré de ses Anges,
Gabriel contemplait leurs célestes phalanges ;
Et jusques à la nuit la jeunesse des Cieux
Sans armes s'exerçait à d'héroïques jeux.
Autour d'eux, suspendus à ces roches brillantes,
Leurs vêtements guerriers, leurs lances éclatantes,

Leurs riches boucliers, leurs casques et leurs dards,
D'or et de diamant brillaient de toutes parts.
Sur un rayon du soir glissant d'un vol rapide,
Là descend Uriel : tel dans l'automne humide,
Quand les sombres vapeurs s'enflamment dans les airs,
Un astre au sein des nuits traîne de longs éclairs,
Et marque, au nautonier penché sur la boussole,
De quel point vont partir les tempêtes d'Éole.
 « Généreux Gabriel, dit-il, écoute-moi :
» De veiller sur Éden Dieu t'a donné l'emploi ;
» Si quelque esprit malin osait ici se rendre,
» Veille autour de ces murs que ton bras doit défendre.
» A l'heure de midi, ce jour même, à mes yeux
» A paru dans ma sphère un esprit curieux,
» Voulant, dit-il, de Dieu voir le dernier ouvrage,
» Et dans l'Homme surtout admirer son image.
» D'abord, son air divin et son port m'ont séduit ;
» Mais sur les monts du nord mes regards l'ont conduit :
» Ses traits, ses yeux troublés, malgré son air céleste,
» M'ont bientôt averti de son projet funeste.
» Je l'ai suivi long-temps, mais mon œil l'a perdu
» Dans l'ombre de ce bois sur ces monts étendu.
» Je crains que des Enfers un perfide ministre
» Ne médite en ces lieux quelque attentat sinistre ;
» C'est à toi d'y pourvoir. — Illustre enfant du Ciel,
» Je ne suis point surpris, lui répond Gabriel,
» Qu'habitant du Soleil, ta pénétrante vue
» De l'espace des airs embrasse l'étendue.

» Pour ce lieu, que le Ciel a commis à ma foi,
» Nul ne peut y passer sans être vu de moi ;
» Et, je puis l'assurer, depuis l'heure brûlante
» Où le midi répand sa lumière éclatante,
» Nul ici n'est venu des hautes régions.
» Mais, malgré nos remparts, malgré nos légions,
» Si, comme tu le dis, quelque autre créature
» D'un ordre différent et d'une autre nature
» Osa franchir ces murs (nul rempart, tu le sais,
» A l'être incorporel n'en peut fermer l'accès),
» Sous quelque faux dehors que ses vains artifices
» Aient conduit le perfide en ce lieu de délices,
» J'ose le garantir, avant le jour naissant,
» Il n'échappera pas à mon regard perçant ».
 Il dit ; et le rayon dont la pointe brillante
Le reçoit sur son arc qui redescend en pente,
Le ramène à son poste, aux lieux où du Soleil
Les Açores déjà cachaient le front vermeil ;
Soit qu'achevant son tour, l'astre de la lumière
Dans sa course rapide eût rempli sa carrière ;
Soit que notre humble monde, en son tour plus borné,
L'eût laissé, brillant d'or, de pourpre environné,
Embellir l'horizon des vapeurs qu'il colore,
Et parer le couchant des pompes de l'aurore.
 Mais enfin la nuit vient, et le peuple des fleurs
A du soir par degrés revêtu les couleurs ;
Le silence la suit ; les troupeaux s'assoupissent ;
Tous les oiseaux muets dans leurs nids se tapissent ;

Tous, hors le rossignol, qui, d'un ton amoureux,
Répète dans la nuit ses refrains douloureux :
　Il chante, l'air répond, et le silence écoute.
　Cependant de saphirs les Cieux peignent leur voûte ;
Précurseur radieux des astres de la nuit,
Le brillant Hespérus en pompe les conduit.
Au milieu du repos, de l'ombre et du silence,
D'un air majestueux leur reine enfin s'avance ;
Et, versant sur le monde une tendre clarté,
De son trône d'azur jette un voile argenté.
Adam prend la parole : « O ma chère compagne !
» Tu le vois, la nuit vient, et la paix l'accompagne :
» Par une expresse loi, se suivent tour-à-tour
» La nuit et le repos, le travail et le jour.
» Des animaux oisifs la course vagabonde,
» Sans rendre compte à Dieu, parcourt en paix le monde
» Une autre loi conduit le roi des animaux ;
» Son corps et son esprit ont chacun leurs travaux ;
» Sa main du Créateur doit embellir l'ouvrage :
» Travailler et jouir est son noble partage.
» Retirons-nous : déjà sur nos yeux languissants
» Le sommeil vient verser ses sucs assoupissants ;
» Demain nos doux travaux devanceront l'aurore.
» Ces feuillages, ces fleurs, qui, trop pressés d'éclore,
» De leur vaste richesse étouffent ces berceaux,
» Il faut en soulager ces jeunes arbrisseaux,
» Réprimer leur essor, trancher sans indulgence
» Des jets luxuriants la stérile abondance ;

» Ces dépouilles des fleurs qui tombent de leurs bras,
» Et leurs pleurs résineux embarrassent nos pas ;
» Il faut les écarter. Cependant l'ombre obscure
» Nous invite au sommeil, cédons à la nature ».

De son sexe charmant le modèle enchanteur,
Ève alors lui répond : « O charme de mon cœur !
» O source de ma vie ! à toi je m'abandonne ;
» Eh ! peut-on balancer quand l'Éternel ordonne ?
» Tu te soumets à Dieu, je me soumets à toi ;
» Voir Dieu dans mon époux est ma suprême loi :
» Une femme doit-elle en savoir davantage ?
» C'est sa première gloire et son plus doux partage.
» Oui, cher époux, dans toi je trouve tous les dons ;
» Je ne distingue point les heures, les saisons ;
» Avec toi tout me plaît dans la nature entière.
» J'aime l'aube du jour et sa douce lumière,
» Du réveil des oiseaux le concert matinal ;
» J'aime à voir du Soleil l'éclat oriental
» Colorant par degrés, de ses clartés naissantes,
» Et nos prés et nos fleurs, et nos fruits et nos plantes ;
» Lorsque la fraîche ondée a plu du haut des Cieux,
» J'aime de ces bosquets l'ombre délicieux ;
» J'aime à voir, sur le sein de la Terre arrosée,
» L'herbe où tremblent encore les gouttes de rosée.
» Je rêve doucement, quand le soir de retour,
» Vient reposer nos yeux de l'éclat d'un beau jour,
» Et lorsque, reprenant son amoureuse veille,
» Le tendre rossignol enchante mon oreille,

» Et lorsque de ses feux, pareil au diamant,
» L'astre brillant des nuits pare le firmament.
» Mais tout ce qui me plaît dans la nature entière,
» Les prémices du jour et sa douce lumière,
» Des oiseaux réveillés le concert matinal,
» Du Soleil renaissant l'éclat oriental,
» Et la pluie humectant la campagne arrosée,
» L'herbe où tremblent encor les gouttes de rosée,
» Un beau soir, des bosquets l'hôte mélodieux,
» Le repos de la nuit, son cours silencieux,
» Ses innombrables feux, ses légions d'étoiles,
» Et tous ces diamants dont elle orne ses voiles,
» O charme de mon cœur ! que seraient-ils sans toi ?
» Mais ces astres des nuits, cher époux, réponds-moi,
» Quel est donc leur usage ? et lorsque tout sommeille,
» Dis-moi, si tu le sais, pour qui leur clarté veille ».

« O fille incomparable et de l'Homme et de Dieu !
» Lui répond son époux, tous ces globes de feu
» Commençant, achevant leur route régulière,
» Renouvellent sans fin leur course journalière ;
» Et Dieu de leurs clartés destine le trésor
» A cent peuples divers qui ne sont pas encor.
» Sans eux, du monde entier lugubre souveraine,
» La nuit ressaisirait son antique domaine ;
» Et, rendant au néant cet univers si beau,
» De la vie expirante éteindrait le flambeau.
« Leur flamme anime tout ; ainsi que la lumière,
« Leur chaleur se répand sur la nature entière,

» Verse son influence à tous les corps divers,
» Nourrit, tempère, échauffe, embellit l'univers,
» Et prépare en secret chaque être qu'il enfante
» A sentir du Soleil l'impression puissante.
» Ces feux, pendant la nuit, sont perdus pour nos yeux,
» Mais ce n'est pas en vain qu'ils brillent dans les Cieux ;
» Et sans nous, ne crois pas que ce superbe ouvrage
» Manquât de spectateurs, ni l'Éternel d'hommages.
» La nuit comme le jour, cachés à nos regards,
» Des millions d'esprits errent de toutes parts,
» Et sans que le repos interrompe leur veille,
» Des mondes lumineux contemplent la merveille.
» Que de fois dans la nuit, des montagnes, des bois,
» L'écho nous apporta leurs séraphiques voix,
» Tantôt seules, tantôt en concerts réunies,
» Solennisant de Dieu les grandeurs infinies !
» Souvent leurs escadrons, sentinelles des Cieux,
» Dans leur ronde nocturne, à leurs postes nombreux,
» Nous l'avons entendu, des harpes résonnantes
» Joignent l'accord divin à leurs voix ravissantes,
» Et, divisant la nuit par leurs célestes chœurs,
» Au Dieu qui les envoie ils rappellent nos cœurs ».

    A ce discours succède un amoureux silence :
En se donnant la main l'un et l'autre s'avance
Au berceau nuptial, berceau voluptueux
Que l'Éternel lui-même avait planté pour eux,
Où la Terre, épuisant ses plus pures délices,
Au premier des humains prodigue ses prémices.

Pour former ces lambris, on voit se marier
L'amarante au jasmin, et le myrte au laurier;
Tous s'unissaient en voûte, et de leur vert feuillage
Semblaient avec plaisir entrelacer l'ombrage;
Mille arbustes charmants, mille buissons fleuris,
De deux murs de verdure appuyaient ces lambris;
Entre eux croissent des fleurs confusément écloses,
Mosaïque d'iris, de jasmin et de roses;
Enfin mille autres fleurs, l'hyacinthe azuré,
L'obscure violette et le safran doré,
Défiant et la pourpre, et le jaspe, et l'opale,
Décoraient à l'envi la couche nuptiale.
Le quadrupède errant, l'insecte, ni l'oiseau
N'eût osé de l'hymen profaner le berceau,
Tant était respecté le souverain du monde!
Jamais lieu si secret, retraite si profonde,
Dans les champs fabuleux ne reçut autrefois
Les Faunes, les Sylvains, et les Nymphes des bois.
Là, tous deux vont s'unir; de sa main virginale
Ève elle-même orna la couche conjugale.
Dans ce jour fortuné, de ses jours le plus doux,
Où l'Ange de l'hymen à son heureux époux
Conduisit par la main sa brillante conquête,
Où tout le Ciel en chœur en célébra la fête,
De guirlandes de fleurs, de parfums précieux,
Elle-même embauma l'abri mystérieux.
Là, des roses pour lit, pour témoin la nature,
La beauté fut sa dot, la pudeur sa parure :

Sa chaste nudité l'embellissait encor.
Celle à qui tous les Dieux ouvrirent leur trésor,
La Pandore des Grecs ne fut point son égale :
Ah ! puisse-t-elle au monde être un jour moins fatale !
Là, tous deux arrêtés, ils adorent tous deux
Le Dieu qui fit les airs, et la Terre et les Cieux,
Et l'astre de la nuit, et les globes sans nombre
Dont la voûte étoilée étincelle dans l'ombre :
« Grand Dieu ! tu fis la nuit, tu fis aussi le jour,
» Témoin de nos travaux dans cet heureux séjour,
» Doux travaux que partage un couple qui t'adore,
» Et que le tendre amour lui rend plus doux encore !
» Nous les devons à toi, ces délices du cœur,
» Cet amour innocent, ta plus chère faveur.
» Nous aimer, te bénir, sont notre bien suprême.
» Nous te devons ces lieux embellis par toi-même :
» Trop féconds pour nous seuls, trop grands pour nos besoins
» Leur sol manque de bras, leur beauté de témoins,
» Et de tant de bienfaits l'abondance est perdue.
» Mais, tu nous l'a promis, dans leur vaste étendue,
» D'autres humains un jour, fruit de nos doux liens,
» Ainsi que nos travaux partageront nos biens.
» Tous, joints au grand concert de la reconnaissance,
» Béniront ta bonté, chanteront ta puissance,
» Soit que le jour naissant hâte notre réveil,
» Soit que l'ombre du soir nous rappelle au sommeil,
» Doux repos où par toi ce berceau nous invite ! »
　　Ainsi d'un cœur soumis le couple heureux acquitte

Envers l'Être éternel ses vœux reconnaissants :
Le bénir est leur culte, et l'aimer leur encens.
A leurs hymnes succède un amoureux silence ;
En se donnant la main l'un et l'autre s'avance
Vers la couche où Dieu même invite ces amants.
Ils n'ont point à quitter ces vains habillements
Qu'ignore l'innocence en sa nudité pure,
Qui sont pour nous un poids plutôt qu'une parure.
Tous deux, foulant en paix ce lit voluptueux,
Ne se refusent pas ces gages vertueux
D'un amour innocent que voile le mystère.
Fuyez, scrupule vain, hypocrisie austère !
Et toi, source de biens, salut, hymen sacré,
Par Dieu même permis, par Dieu même inspiré !
Ah ! ceux dont la vertu renonce à tes délices
Font le plus généreux de tous les sacrifices !
Salut, premier berceau de la société,
De ces premiers époux seule propriété !
Quand la brute avec eux partageait leur domaine,
Pour eux Dieu réserva ton innocente chaîne :
Le roi des animaux laisse à leur vague amour,
Et leur flamme adultère, et leur penchant d'un jour.
Toi, ta sainte union seule est durable et pure,
Et la raison l'approuve ainsi que la nature :
De toi viennent ces nœuds et ces rapports chéris.
Et de frère et de sœur, et de père et de fils ;
Ces nœuds sont à la fois des richesses publiques,
Et de l'Homme privé les douceurs domestiques.

18.

Pour toi le chaste Amour choisit ses flèches d'or ;
Là, ses ailes de pourpre arrêtent leur essor ;
Tu nourris son flambeau ; ta vertueuse flamme
N'est point l'éclair des sens, mais le doux feu de l'âme.
Dans la profane orgie et le vain bruit des cours,
Je n'irai point chercher les pudiques amours ;
On ne les trouve point dans la veille galante
De ces amants transis, dont la lyre dolente,
Confiant leurs chagrins aux fraîches nuits d'été,
Chante sous ses balcons l'orgueilleuse beauté.
Loin de toi des Phrynés les vénales caresses,
Leurs faveurs sans amour, leurs baisers sans tendresse,
Vil tribut du hasard, ivresse du moment !
Tels n'étaient point les nœuds de ce couple charmant :
Bercés par les doux sons du rossignol qui chante,
Des fleurs de leurs lambris une pluie odorante
Jonche leur lit d'hymen ; et l'aurore qui suit
Répare chaque jour les tributs de la nuit.
Dors, jouis, couple heureux, heureux si tu sais l'être,
Et connais le danger de vouloir trop connaître.

 La nuit avait rempli la moitié de son tour :
Cependant les gardiens de cet heureux séjour,
De leur porte d'ivoire, à l'heure accoutumée,
En silence guidaient leur invisible armée ;
Alors au Chérubin, après lui le premier,
Gabriel parle ainsi : « Magnanime guerrier,
» Que de ces légions une moitié te suive ;
» Va, fais vers le midi ta recherche attentive :

» Vous, marchez vers le nord, troupe fidèle ; et nous,
» Bientôt vers le couchant nous nous joindrons à vous ».
Ainsi que par les vents la flamme est partagée,
En deux parts à l'instant la troupe s'est rangée.
Parmi ceux dont la foule entoure Gabriel,
Il appelle aussitôt Zéphon, Ithuriel :
« Partez et déployez vos diligentes ailes,
» De ce vaste jardin vigilants sentinelles,
» Fouillez dans les réduits les plus mystérieux ;
» Mais surtout observez d'un regard curieux,
» L'asile où ces époux heureux, et sans alarmes,
» D'un tranquille sommeil goûtent en paix les charmes.
» Ce soir, de l'occident, un messager du Ciel
» Est venu m'annoncer qu'un Ange criminel
» Échappé (qui l'eût cru ?) de la rive infernale,
» Médite dans ces lieux quelque embûche fatale ;
» Partez : qu'on le saisisse et l'amène à mes yeux ».

 A ces mots, il conduit ses Anges radieux ;
Ils marchent sur ses pas : leur armure guerrière
Semble éclipser des nuits la brillante courrière.
Il arrive au bocage, il voit l'affreux Satan
Humble et tapi tout près de l'épouse d'Adam,
Sous les traits d'un reptile assiéger son oreille.
Son souffle insidieux, tandis qu'elle sommeille,
Par un songe perfide égare sa raison ;
Ses esprits, d'un sang pur légère exhalaison,
Pareils en leur essence à ces vapeurs fluides
Qu'élèvent dans les airs les rivières limpides,

Il cherche à les corrompre ; il lui souffle en secret
Les rebelles desirs et l'espoir indiscret,
L'ambitieuse audace et l'aveugle imprudence
De l'orgueil mécontent au sein de l'abondance.
L'Ange, parmi les fleurs où le traître est couché,
De sa lance divine aussitôt l'a touché :
Rien ne résiste aux coups d'une céleste armure,
Tout-à-coup, de ses traits dépouillant l'imposture,
Satan devient lui-même : ainsi, quand vers l'amas
De ces grains sulfureux pétris par les combats,
Et qui doivent bientôt, semant les funérailles,
De leurs chocs foudroyants renverser les murailles,
Une étincelle vole, à l'instant le feu part :
Tel Satan se redresse, et son affreux regard,
Et son visage empreint de ses projets funestes,
Ont fait presque trembler les deux guerriers célestes.
Bientôt l'étonnement a fait place au courroux :
« Qu'es-tu ? lui dit Zéphon. Que fais-tu parmi nous ?
» N'es-tu pas un de ceux que pour prix de leur crime
» L'éternelle vengeance a plongés dans l'abîme ?
» De quel front osas-tu quitter tes noirs cachots,
» Brigand insidieux ? Pourquoi, dans son repos,
» Viens-tu troubler un couple innocent et fidèle ?
» Pourquoi te déguiser ? — Quoi ! dit l'Ange rebelle,
» Tu ne me connais pas ? Je n'en suis pas surpris :
» Assis au dernier rang des célestes lambris,
» Nul de vous à mes yeux n'eut l'honneur de paraître ;
» Ou si tu m'aperçus dans la cour de ton maître,

» Pourquoi, vil plébéien, demander qui je suis? »
  Zéphon, à ce discours, rend mépris pour mépris ;
  « Non, je ne connais point ta hideuse figure :
» Mon œil y cherche un Ange, et n'y voit qu'un parjure.
» Te crois-tu tel encor que te virent mes yeux,
» Lorsque fidèle et pur tu siégeais dans les Cieux?
» Non ; ta beauté périt avec ton innocence,
» Et dans tes traits affreux Dieu grava sa vengeance.
» Faux Ange de lumière, aux ténèbres livré,
» Du séjour de la gloire enfant déshonoré,
» Viens, que mon bras te livre au chef de ces milices
» Qui veillent contre toi dans ces lieux de délices ».
Il dit ; son front serein, sa tranquille beauté,
Prête un noble ascendant à sa sévérité.
Satan se trouble ; il voit combien de l'innocence
Le calme inaltérable ajoute à la puissance ;
Et, tout bas tourmenté d'un bonheur qu'il n'a plus,
Sent mieux l'horreur du vice à l'aspect des vertus.
Mais Satan avili ! Satan méconnaissable !
Bien plus que ses forfaits, voilà ce qui l'accable :
Sa douleur est la honte, et non le repentir :
Cependant son orgueil craint de se démentir :
« Me voilà prêt, dit-il ; mais toi, vil téméraire,
» D'un potentat des Cieux subalterne adversaire,
» Envoie ici ton chef, ou bien armez-vous tous ;
» Je veux que le combat soit égal entre nous ;
» Qu'ainsi, soit qu'il obtienne ou perde la victoire,
» Satan cède sans honte, ou triomphe avec gloire ».

« Ange dégénéré, dit Zéphon sans effroi,
» Va, le dernier de nous suffit seul contre toi ».
Satan sans répliquer dévore son outrage ;
Il suit les deux guerriers en frémissant de rage.
A la fuite, au combat, il songerait en vain,
Sur lui pèse d'en-haut une invisible main ;
L'orgueil de ses regards est vaincu par sa honte :
Tel un coursier fougueux mord le frein qui le dompte.

Tous les trois cependant ils approchent des lieux
Où le double escadron des milices des Cieux,
Attendant le signal de ses bandes guerrières,
En cercle à l'occident a rejoint ses bannières ;
Leur chef au premier rang s'écrie : « A moi, soldats !
» On vient : d'un bataillon j'entends ici les pas ;
» Soyez prêts. Aux lueurs dont le couchant s'éclaire,
» J'aperçois deux guerriers avec un front sévère
» Se diriger vers nous ; un troisième, à son air
» Noble, mais abattu, semble un roi de l'Enfer ;
» Son front est menaçant, ses yeux brûlent de rage :
» Armez-vous de prudence, armez-vous de courage ».
Zéphon vient : à son chef il raconte en quel lieu,
Comment il a surpris cet ennemi de Dieu ;
Ses ruses, ses projets ; et d'un ton de menace,
Gabriel en ces mots gourmande son audace :
« Esclave révolté, parle, pourquoi viens-tu
» Du souffle impur du vice infecter la vertu ?
» Qu'a de commun Satan avec des cœurs fidèles ?
» Nul de nous n'a trempé dans tes complots rebelles ;

« Pourquoi donc, échappé de tes cachots affreux,
» As-tu de ta présence affligé ces beaux lieux? »
    Alors, avec un froid et dédaigneux sourire :
» Gabriel, dit Satan, d'où te vient ce délire?
» Jadis je t'ai vu sage : apprends-moi donc pourquoi
» Je te trouve aujourd'hui si différent de toi.
» Réponds : quel prisonnier n'aime à briser sa chaîne?
» Et quel être au plaisir préférerait la peine?
» Captif, n'aurais-tu pas voulu rompre tes fers?
» Mais on plaint peu les maux que l'on n'a pas soufferts :
» Gabriel dans les Cieux ignora l'infortune;
» Bercé par le bonheur, le malheur l'importune.
» D'un maître, me dis-tu, j'ai violé la loi!
» Mais pourquoi mon cachot s'est-il ouvert pour moi?
» Qu'il y mette, s'il peut, des barrières plus fortes,
» Ou que ses durs geoliers en gardent mieux les portes.
» Tes guerriers m'ont surpris voyageant en ces lieux,
» J'en conviens; et qu'importe au souverain des Cieux?
» De ces faits innocents d'où vient que tu m'accuses?
» Où sont là mes complots, mes forfaits et mes ruses? »
    Avec un rire amer, le sage Gabriel
Répond : « Il n'est donc plus de raison dans le Ciel!
» Avec lui dans l'Enfer elle s'est exilée;
» Et lui-même, voilà que sa raison troublée
» Doute si nous devons épier ses complots.
» Il est doux, m'as-tu dit, d'échapper à ses maux :
» Pourquoi donc irriter le courroux de ton maître?
» Vil fugitif! bientôt il va saisir un traître,

» Te remettre à la chaîne ; et de ses fouets brûlants
» Imprimer les sillons sur tes membres sanglants ;
» Et tu sauras alors que toutes les souffrances
» N'égalent pas un trait de ce Dieu des vengeances.
» Mais pourquoi seul ici ? Tes compagnons, dis-moi,
» Au fond de tes Enfers souffrent-ils moins que toi ?
» On leur chef a-t-il fui la main qui les oppresse ?
» A ce parti du moins je connais sa sagesse :
» Le héros qui les laisse en cet abîme ardent,
» S'il est moins courageux, est du moins plus prudent ».

  Satan à ce discours, jette un regard farouche :
« Quel propos insolent est sorti de ta bouche !
» Moi, manquer de courage ! Ah ! tel ne m'ont point vu
» Ces champs de l'Empyrée où je t'ai combattu ;
» Trop heureux que ton Dieu de ses foudres cruelles,
» A tes traits languissants daignât prêter les ailes !
» Tes discours sont plus prompts, mais ton peu de savoir
» Me fait pitié. D'un chef connais-tu le devoir ?
» J'ai fait le mien. L'Enfer parlait d'un nouveau monde :
» Pour consoler enfin leur misère profonde,
» J'y voulais établir mes sujets malheureux.
» Mais ne fallait-il pas reconnaître les lieux ?
» Et devais-je exposer mes compagnons fidèles !
» Eh bien, pour observer ces régions nouvelles,
» C'est moi seul, oui, c'est moi qui, parti des Enfers
» D'une aile audacieuse ai franchi ces déserts.
» Vante-moi tes guerriers, j'appris à les connaître :
» Les délices du Ciel, le culte de leur maître,

» Voilà leur doux emploi : pacifiques soldats,
» Ils sont faits pour les chants, et non pour les combats.
» Des molles voluptés que le Ciel soit l'empire,
» Mais qu'ils laissent la lance et reprennent la lyre ».

« Ainsi dans ses discours Satan se contredit !
» Réplique Gabriel : toi-même me l'a dit,
» Tu braves les dangers ; mais ta honteuse tâche
» Est-elle d'un guerrier ! Non, c'est celle d'un lâche.
» Tu me parles ici de ta fidélité !
» O terme injurieux à la divinité !
» Toi fidèle ! A qui donc ? à ta horde rebelle,
» Troupe digne en effet d'un chef si digne d'elle ?
» D'un cœur indépendant tu réclames les droits !
» Mais dis, quand tu servais ce souverain des rois,
» Pour mieux le renverser, qui, d'une âme plus vile,
» Devant son trône d'or courba son front servile ?
» Ta bassesse, en rampant, marchait vers la grandeur.
» Mais grave bien ces mots dans le fond de ton cœur !
» Toi qui voulais régner sur le roi que j'adore,
» Si, dans ces lieux sacrés, je te rencontre encore,
» Tu te verras saisi par ma puissante main ;
» Ce bras t'accablera de cent chaînes d'airain ;
» Replongé, garotté dans ces profonds abîmes,
» Tu sauras si l'Enfer conserve ses victimes :
» Tente alors d'en sortir ; viens nous dire si Dieu
» Surveille faiblement ce redoutable lieu,
» S'il faut aux révoltés des barrières plus fortes,
» Et si ce Dieu terrible en sait garder les portes ».

Satan n'est point troublé par ces mots menaçants ;
Une rage nouvelle enflamme tous ses sens :
« Qui ? toi ! toi, me saisir ! toi, me charger d'entraves ;
» Audacieux enfant ! sais-tu bien qui tu braves ?
» Va, je t'apprête un coup plus pesant que mes fers,
» Que ces portes d'airain, barrières des Enfers ;
» C'est pour toi désormais que sont faits les supplices.
» Oui, quand ton Dieu lui-même, assemblant ses milices
» Sur nous ferait gronder son foudre menaçant,
» Quand tous vous seriez joints à ce Dieu si puissant,
» Vous qui, portant son joug, esclaves fiers de l'être,
» En pompe sur son char promenez votre maître ;
» Tremblez ». Il dit : la rage enflamme ses regards ;
Satan est investi d'une forêt de dards :
D'épis bien moins nombreux les guérets se hérissent,
Quand sur leurs vagues d'or les vents fougueux frémissent
Et que, muet d'effroi, leur maître suit des yeux
Sa récolte incertaine et son espoir douteux :
Pareil au mont Athos, terrible, inébranlable,
L'affreux Satan prépare un choc épouvantable.
Éden aurait péri, les Cieux auraient tremblé,
Et du monde naissant l'édifice eût croulé ;
Mais d'un combat fatal craignant la violence,
Dieu saisit et suspend la céleste balance
Qu'en son cours annuel le Soleil voit encor.
Le jour qu'il créa tout, c'est dans ses bassins d'or
Qu'il pesa l'air, les flots, la masse de la terre ;
Maintenant, aux mortels lorsqu'il permet la guerre,

C'est-là qu'il pèse encor de ses puissantes mains
Le destin des combats et celui des humains.
D'un côté c'est Satan, de l'autre c'est l'Archange :
Égaux un seul instant, tout-à-coup le sort change ;
L'esprit infernal monte, et l'Ange redescend.
Gabriel l'aperçoit, et d'un ton menaçant :
« Vois là-haut notre arrêt, et de l'un et de l'autre
» Son pouvoir a jugé ; de lui seul vient le nôtre :
» Son ordre impérieux termine nos combats.
» Perfide ! j'aurais pu, de ce terrible bras,
» Abattre un révolté, fouler aux pieds sa tête ;
» Mais le Ciel a parlé, ma colère s'arrête :
» Toi, crains de la braver ; lève les yeux, et vois
» Combien ta destinée est légère de poids ».
Satan regarde : il voit la terrible balance
L'emporter dans les airs et dicter sa sentence ;
En murmurant de rage aussitôt il s'enfuit,
Et la nuit ténébreuse en silence le suit.

FIN DU LIVRE QUATRIÈME.

REMARQUES
SUR LE LIVRE QUATRIÈME.

Ce chant, un des plus beaux de l'ouvrage, commence de la manière à la fois la plus solennelle et la plus pathétique. On ne peut exprimer avec plus d'énergie les dangers qui menacent de près les deux innocentes créatures dont Satan vient tenter la faiblesse, et ce mélange de terreur et d'audace qui se balance dans l'âme du tentateur, les traces de son crime et de ses funestes projets empreintes sur son front, dans ses yeux étincelants, dans sa marche désordonnée. On doit admirer surtout l'impression que produisent dans le cœur de Satan la paix et les délices du séjour fortuné qu'habitent les époux dont il vient troubler le bonheur :

Lieux charmants, et dont le doux pouvoir
Peut calmer tous les maux, tous, hors le désespoir.

La description du Paradis terrestre est justement célèbre ; Milton y a déployé toute la richesse de sa féconde imagination, tous les trésors de la Terre encore vierge, tous les charmes de la Nature innocente.

Il faut excepter de ces éloges quelques détails géographiques très-déplacés; mais la beauté des lieux le cède à la peinture des plaisirs purs, des travaux champêtres, du banquet délicieux de ces heureux époux : tableaux charmants, qui forment un contraste si frappant avec les passions féroces et les mouvements tumultueux qui bouleversent l'âme de l'Archange rebelle. Son discours, à l'aspect du calme et de la félicité, respire toutes les fureurs de l'envie, du regret et des remords :

Ils aiment quand je hais, jouissent quand je souffre!

On ne peut trop admirer la fécondité avec laquelle Milton a varié toutes les expressions de la haine et de la fureur qu'il met dans la bouche de Satan. Les piéges qu'il se prépare à leur tendre, sous la figure d'un serpent, sont parfaitement annoncés dans les derniers vers de la belle description qu'il fait des animaux jouant autour de leur maître : le serpent vient le dernier, et déjà ses caresses perfides, sa souplesse insidieuse, font trembler pour les objets de sa rage.

J'ai oublié de remarquer cette distinction si juste et si délicate qu'il fait des deux sexes et de leurs charmes différents : ce morceau a été constamment admiré.

Les comparaisons de Milton manquent quelquefois de nouveauté, de grâce et de justesse. Telle n'est point celle où il compare Satan cherchant à surprendre les deux époux, à un tigre furieux, mais adroit, qui s'approchant par degrés de deux jeunes faons, les guette, s'élance, et les saisit tous deux en même temps. Je n'ai pu rendre la précision et la vivacité de ces mots :

Grip'd in each paw.

Le mot de *griffe* ne peut entrer dans la poésie noble. La Fontaine, ayant à peindre la même action, a usé heureusement du privilége de la poésie familière lorsqu'il a dit, en parlant d'un chat qui saisit deux souris :

Grippeminaud, le bon apôtre,
Jetant des deux côtés la griffe en même temps, etc.

Un des morceaux les plus magnifiques de ce chant, et peut-être du poème, est celui où l'Archange, ennemi de Dieu et de l'Homme, découvre le monde nouvellement formé et toutes les richesses de la création, surtout le Soleil, que le poète suppose alors au milieu de sa course, et se montrant dans toute sa splendeur. L'apostrophe qu'il adresse à cet astre brillant de toute la lumière qu'il a perdue lui-même, est généralement et justement admirée : on ne peut rien ajouter ni à la pompe des expressions, ni à l'énergie des sentiments ; tous les traits de ce morceau sont d'une grande vérité. A la vue du Soleil et de son éclat, il se rappelle celui dont il était revêtu lui-même dans les jours de son innocence et de sa gloire. On sait que la première idée de Milton avait été de composer une tragédie sur la chute de nos premiers parents ; cette idée lui avait été inspirée, en Italie, par la représentation d'une pièce sur le même sujet, où, à travers beaucoup de choses ridicules, il avait découvert de grandes beautés, et pressenti celles qu'on pouvait y ajouter encore ; c'est par cette sublime apostrophe au Soleil que commençait sa tragédie. Je me suis permis d'ajouter quelques idées à celles de Milton : on doit quelquefois faire plus que son modèle, précisément parce qu'on ne peut pas faire aussi bien ; ainsi je suis seul responsable de ces deux vers, dans lesquels Satan dit au Soleil :

Bienfait de mon tyran, chef-d'œuvre de ton roi :
Toi qui charmes le monde, et n'affliges que moi !

Ces vers m'ont paru exprimer assez heureusement les sentiments que doit éprouver Satan à l'aspect du Soleil ; il est l'ennemi de Dieu, et jaloux de l'Homme, son favori ; enfin il appartient à l'Ange du mal de haïr toute espèce de bien.

Deux hommes célèbres, Voltaire et Racine le fils, ont traduit ce morceau. La traduction du second est si faible, que je ne me permettrai sur elle aucune observation. Les vers de Voltaire sont plus brillants et plus rapides, mais ils sont susceptibles de quelques observations qui ne seront peut-être pas sans utilité pour les jeunes littérateurs.

Toi, sur qui mon tyran prodigue ses bienfaits,
Soleil! astre de feu, jour heureux que je hais;
Toi, qui fais mon supplice, et dont mes yeux s'étonnent:
Toi, qui sembles le dieu des Cieux qui t'environnent!
Sur la voûte des Cieux, élevé plus que toi,
Le trône où tu t'assieds, s'abaissait devant moi.

Le premier vers renferme une faute remarquable contre la langue, que j'aurais pu me dispenser d'observer, tant elle est sensible. Dans le second, ces mots, *jour heureux que je hais*, expriment mal les passions de Satan; le Soleil n'est pas pour lui un jour, c'est un personnage, un rival même. L'expression de sa haine est faible et mal placée; c'est après avoir donné à cet astre admirable, et d'autant plus haïssable pour lui, toutes les dénominations et tous les attributs qui lui conviennent, qu'il s'écrie avec la plus grande simplicité et la plus grande énergie,

Soleil, que je te hais!

Ce vers,

Toi, qui fais mon supplice, et dont mes yeux s'étonnent,

est d'une extrême faiblesse; celui qui suit est noble et harmonieux,

Toi, qui sembles le dieu des Cieux qui t'environnent.

Celui de Milton est moins pompeux et plus vrai ; Milton dit simplement, *le dieu de ce monde nouveau*: c'est ce monde nouveau qui indigne Satan, parce qu'il a été créé pour l'homme.

Le vers suivant contient une faute beaucoup plus grave :

Le trône où tu t'assieds, s'abaissait devant moi.

Par une inadvertance inexplicable, Voltaire a oublié que ni le roi ni le trône n'existaient, lorsque Satan habitait encore dans les Cieux, mais le vers est si beau, qu'on remarque à regret cette inconvenance.

Rien de plus intéressant et de plus ingénieux que l'endroit où Ève raconte à son époux sa naissance et les impressions qu'elle reçut de tous les objets dont elle se vit environnée ; on ne pouvait mettre dans cette peinture plus de naïveté, de grâce et de vérité. Ève, se regardant et s'admirant dans le cristal des eaux qui réfléchissent son image et répètent tous ses mouvements, rappelle la belle fable de Narcisse, dont cette peinture est empruntée ; mais son étonnement à l'aspect des richesses de la nature, cette voix qui la conduit au lieu où l'attendait son époux, l'impression que lui fait sa noble figure et sa mâle beauté, la naïveté avec laquelle elle avoue que sa propre figure, aperçue dans le miroir des eaux, lui avait paru plus attrayante et plus douce, la timide pudeur qui la décidé à fuir ce qu'elle admire, la poursuite d'Adam, le discours touchant qu'il lui adresse, la manière aimable dont sa main s'abandonne à celle de son époux; tout cela est de l'imagination du poète, et on ne peut rien ajouter ni à la grâce, ni à la vérité de ce tableau. S'il est difficile de bien peindre le cœur des personnes avec qui l'on vit tous les jours, combien l'était-il plus de deviner, d'exprimer les sentiments de cette jeune épouse, nouvellement créée, et de donner tant de vraisemblance au récit des sensations que lui suppose le peintre admirable de nos premiers auteurs ! Le discours qu'elle tient à son époux est de la plus touchante sensibilité et de la plus admirable poésie. J'ai conservé fidèlement la répétition des mêmes vers, qui donne tant de grâce à ce morceau. Quoique peu instruit de la prononciation de la langue anglaise, j'ai cru sentir dans ces vers une harmonie enchanteresse ; jamais on n'a joint de si douces images à des sons plus mélodieux, et frappé plus agréablement l'imagination et l'oreille à la fois.

Peut-être Adam devait-il s'interdire les leçons d'astronomie qu'il donne à son épouse : la gravité de ces objets contraste trop fortement avec les idées naïves et voluptueuses qui suivent et qui précèdent : mais ce morceau est de la plus belle exécution, et à ce titre il doit obtenir grâce.

Les lecteurs sensibles aux charmes de la poésie descriptive, liront avec plaisir la peinture riche et brillante du berceau où l'Amour conduit les deux époux : c'est pour la seconde fois que Milton peint leurs jouissances innocentes. L'hymne qu'il adresse à l'Hymen, et qui renferme de grandes beautés, paraît cependant moins dicté par le desir de célébrer l'union conjugale, que par l'envie d'accuser la religion qui interdit le mariage à ses ministres. Ce morceau, d'ailleurs, est une déclamation, genre de défaut que Milton s'est trop souvent permis, et dont il n'a trouvé d'exemple, ni dans Homère, ni dans Virgile, qui jettent rapidement quelques maximes et quelques sentences, exprimées avec la plus grande précision, et d'autant plus faciles à retenir.

Peu de lecteurs d'un goût délicat approuveront le déguisement de Satan en crapaud tapi à l'oreille d'Ève, et lui insinuant des projets de révolte contre le Ciel; notre langue surtout admettrait difficilement une fiction pour laquelle le nom seul de ce reptile inspirerait du dégoût.

ARGUMENT.

Au lever du jour, Ève raconte à Adam un songe qui l'a troublée pendant la nuit. Quoiqu'il en soit attristé, il la console; ils sortent pour prendre soin du jardin. Leur cantique du matin à la porte du berceau. Dieu, pour rendre l'Homme inexcusable, envoie Raphaël, afin qu'il l'avertisse de ne point s'écarter de l'obéissance, de faire un bon usage de sa liberté, et d'être en garde contre son ennemi; il le charge de lui découvrir quel est cet ennemi, la cause de sa haine, et ce qui peut être utile à Adam. Raphaël descend au Paradis; son apparition. Adam, assis à la porte de son berceau, l'aperçoit de loin; il va à sa rencontre, et le conduit à sa demeure, où il l'invite à un repas champêtre : leurs discours pendant ce repas. Raphaël s'acquitte de sa commission, avertit Adam de son état, lui découvre son ennemi; il lui apprend, pour satisfaire à sa prière, quel est celui qui veut le détruire, et quel est le sujet de son inimitié. Il lui expose le commencement et la cause de la rébellion qui arriva dans le Ciel; comment Satan entraîna ses légions du côté du nord, les pressa de se révolter, et les séduisit, excepté le seul Abdiel, Séraphin zélé, qui dispute contre lui et l'abandonne.

PARADIS PERDU,
POÈME.

LIVRE CINQUIÈME.

L'Aurore se levait; de pourpre, de rubis,
Des perles d'Orient elle ornait ses habits,
Et, répandant des fleurs sur la terre arrosée,
Trempait ses pieds brillants dans des flots de rosée.
Adam ouvre les yeux; son paisible sommeil,
Fruit de ses simples mets, pour céder au réveil,
N'a besoin que du bruit d'une feuille tremblante,
Du vent léger et frais de l'Aurore naissante,
Du murmure de l'onde et du chant de l'oiseau
Dont l'accent matinal sort de chaque rameau.
Il s'étonne de voir Ève dormant encore:
Le rouge plus ardent dont son teint se colore,
Ses pénibles soupirs, son front échevelé,
Tout annonce un sommeil inquiet et troublé.
A demi relevé sur sa couche de rose
Où sa belle compagne à ses côtés repose,
Objet toujours si cher, toujours si gracieux,
Soit que le sommeil quitte ou referme ses yeux,
Il pose sur sa main une main caressante,
Se penche doucement sur sa tête charmante,

La contemple long-temps; puis, d'un ton plus flatteur
Qu'un souffle du Zéphyr qui courtise une fleur,
Il éveille en ces mots son épouse chérie :
« O charme de mon cœur ! ô charme de ma vie !
» Toi, dont un seul regard prouve un Dieu bienfaisant,
» Toi, son plus bel ouvrage et son dernier présent,
» Chère Ève, le jour luit, la fraîcheur nous appelle,
» La nature renaît plus brillante et plus belle :
» Pouvons-nous perdre ainsi les prémices du jour?
» Voici le vrai moment de voir ce beau séjour,
» D'épier les boutons qui s'empressent d'éclore,
» Les nuances du Ciel, les teintes de l'Aurore;
» Pour nous le citronnier va prodiguer ses fleurs,
» Le myrte ses parfums, et le baume ses pleurs.
» Entends-tu les oiseaux ? entends-tu les abeilles
» Errer en bourdonnant autour des fleurs vermeilles,
» Et sucer de leur miel le liquide trésor ?
» Tout s'éveille, et nous seuls, nous sommeillons encor! »

A ce tendre discours qui l'arrache à son rêve,
Ève, les yeux troublés, en sursaut se relève,
Embrasse son époux, et lui parle en ces mots :
« O toi, qui de mon cœur est l'unique repos,
» La gloire, l'ornement, le bonheur de ma vie,
» De voir le jour et toi, que mon âme est ravie !
» Elle en avait besoin. Cette nuit.... non, mon cœur
» D'une pareille nuit n'éprouva point l'horreur....
» Un songe (puisse-t-il être une vaine image !)
» M'occupait, non de toi, suivant mon doux usage ;

» Non des plaisirs du soir, des projets du matin :
» Mais d'offense, de trouble et de sombre chagrin
» Qu'avant ce rêve affreux Ève ignorait encore.
» Une voix... et j'ai cru de l'époux que j'adore
» Reconnaître la voix, tant ses sons étaient doux !
» — Ève, réveille-toi, disait-elle : pour nous
» Tout est paisible et frais sur la terre et sur l'onde ;
» Le rossignol lui seul trouble leur paix profonde,
» Et répète ses chants modulés par l'amour ;
» Le clair flambeau des nuits verse un aimable jour ;
» Et son globe assemblant sa clarté tout entière,
» Du contraste de l'ombre embellit sa lumière.
» Mais que sert sans témoin ce spectacle charmant ?
» Viens, oh ! viens ajouter à cet enchantement.
» Tous ces astres brillants que ton regard efface
» Sont autant d'yeux ouverts pour admirer ta grâce ».
« Je me lève, pensant reconnaître ta voix ;
» Mais je te cherche en vain ; je m'égare : je crois
» Errer dans un désert, solitaire, éperdue,
» Soudain l'arbre interdit se présente à ma vue,
» Plus charmant que jamais à mon œil enchanté.
» Tandis que de ses fruits j'admire la beauté,
» A ses pieds j'aperçois, ô surprise nouvelle !
» Un être qui n'a rien d'une forme mortelle.
» Ses ailes, son éclat, rappellent à mes yeux
» Ces esprits, qui vers nous viennent du haut des Cieux;
» Ses beaux cheveux flottaient, et leurs tresses humides
» Distillaient l'ambroisie en diamants liquides.

» Il fixe, comme moi, l'arbre qui me séduit :
» O bel arbre, dit-il, surchargé de ton fruit,
» N'est-il donc aucun être en ces riants auspices,
» Dont la main te soulage et goûte tes délices?
» Pas un dieu? pas un homme? Ainsi, perdant son prix,
» La science divine est l'objet du mépris,
» Peut-être de l'envie! Et quel injuste maître
» Garde ainsi pour lui seul les trésors qu'il fait naître?
» Redoute qui voudra la rigueur de sa loi,
» Ses arrêts menaçants ne peuvent rien sur moi.
» Cet arbre est-il en vain placé dans ce bocage ?
» Puisqu'il m'offre ses fruits, j'en saurai faire usage.
» Il dit, étend vers lui son bras audacieux,
» Cueille son fruit, l'admire, et le goûte à mes yeux.
» Son discours, son forfait, d'épouvante me glace.
» Lui, tressaillant de joie et redoublant d'audace :
» — O fruit divin, dit-il, toi qu'un ordre jaloux
» Irritant mes desirs, rend encore plus doux,
» Pour des dieux, je le crois, le Ciel t'avait fait naître ;
» Mais par lui l'Homme aux dieux peut s'égaler peut-être.
» Eh! pourquoi cet espoir serait-il défendu?
» Le bien s'accroît encor lorsqu'il est répandu ;
» Dieu même s'enrichit alors qu'on le partage ;
» Et plus on en jouit, plus on lui rend hommage.
» Viens donc, charmant objet, prends un nouvel essor ;
» Ton destin déjà beau peut s'embellir encor ;
» Goûte avec moi ce fruit dont la beauté t'invite,
» Et puisse ton bonheur égaler ton mérite!

LIVRE V.

» Est-ce à toi d'habiter cette étroite prison ?
» Non, ouvre à ta pensée un plus vaste horizon ;
» Plane dans l'Empyrée, ou dans la cour suprême,
» Admise au rang des dieux, sois déesse toi-même ».
« Il dit, et de ma bouche il approche ce fruit :
» Son coloris me plaît, son parfum me séduit ;
» Ma bouche impatiente aussitôt le dévore.
» Alors de nouveaux sens en moi semblent éclore ;
» Je me sens enlever dans l'espace des airs ;
» Je monte ; sous mes pieds j'admire l'univers,
» Et sa vaste étendue, et ses pompeux spectacles :
» Mais je suis à mes yeux le premier des miracles ;
» Je m'étonne de moi, de ce grand changement.
» Mon guide disparaît, et, plus rapidement
» Que je n'étais montée au séjour du tonnerre,
» Je redescends des Cieux, et m'endors sur la Terre.
« Mais enfin je te vois, le prestige s'enfuit,
» Et le jour a chassé les erreurs de la nuit ».
Ève à peine a mis fin à ce récit fidèle,
Son époux lui répond, presque aussi triste qu'elle :
« O ma plus douce image, ô ma chère moitié,
» Du trouble de ta nuit ma tendresse a pitié :
» De ces objets confus l'étonnant assemblage,
» De l'Ange affreux du mal est peut-être l'ouvrage ;
» Je le crains : cependant d'où me vient cet effroi ?
» Non, le mal ne peut point habiter avec toi :
» Ève, ton cœur est pur ; mais apprends à connaître
» Comment nous a formés le Dieu qui nous fit naître ;

» Tout entre dans l'esprit par la porte des sens :
» L'imagination des objets différents
» Se compose à son gré des images factices ;
» Mais la raison suprême en règle les caprices,
» Dicte nos jugements, décide notre choix ;
» La nuit elle repose, elle abdique ses droits ;
» Sa rivale aussitôt, capricieuse reine,
» Usurpe son empire, et règne en souveraine ;
» Dans les songes surtout, le présent, le passé,
» Dans sa peinture informe au hasard retracé,
» Nos paroles, nos faits, que sans ordre elle assemble,
» Présentent mille objets étonnés d'être ensemble.
» Le mal peut approcher ou d'un homme ou d'un dieu ;
» Mais son impression, chère Ève, dure peu ;
» Et la raison, bientôt repoussant l'imposture,
» Laisse l'esprit sans tache, et le cœur sans souillure.
» Criminelle en rêvant, vertueuse au réveil,
» Chère Ève, bannis donc les terreurs du sommeil ;
» Que dans tout leur éclat je puisse voir encore
» Tes yeux, ces yeux plus doux qu'un rayon de l'Aurore.
» Viens au fond de nos bois, au bord de nos ruisseaux,
» Retrouver nos plaisirs, reprendre nos travaux ;
» La nuit qui les suspend en accroît les délices ;
» Pour toi ces jeunes fleurs entr'ouvrent leurs calices,
» Et déjà leurs boutons prodiguent au matin
» Les parfums que le soir renferma dans leur sein ».

 Adam rassure ainsi son épouse tremblante.
A ces tendres accents de sa voix consolante

Elle sourit, mais laisse échapper de ses yeux
Deux larmes qu'elle essuie avec ses beaux cheveux.
Dans l'humide cristal de ses yeux pleins de charmes,
Adam surprend encor deux précieuses larmes ;
Un baiser les arrête au moment de sortir :
Il recueille ces pleurs, doux fruit du repentir,
Interprètes d'un cœur délicat et sublime,
Qui connaît le remords sans connaître le crime.
Tous deux sortent contents, et devant leur berceau,
D'abord du jour naissant admirent le tableau.
Le Soleil, sur son char demi plongé dans l'onde,
De ses feux en glissant effleurait notre monde,
Éclairait l'orient, et, sur ce beau séjour
Tout brillant de rosée, il préludait au jour.
Tous deux, agenouillés, à leur Dieu tutélaire
Présentant de leurs vœux le tribut ordinaire,
Ils chantent l'Éternel ; le Ciel entend leurs chants,
Libres ou mesurés, sublimes ou touchants ;
Qui, sans art, sans apprêt, élans sacrés de l'âme,
Jusqu'au trône de Dieu montaient en traits de flamme,
Et n'avaient pas besoin, pour enchanter les Cieux,
Que le luth secondât leurs sons harmonieux.
Ils commencent ainsi : « Voilà donc ton ouvrage,
» Dieu puissant, dont ce monde est la brillante image,
» Ce monde merveilleux, mais moins encor que toi !
» Mon âme, en t'admirant, frémit d'un saint effroi.
» Ah ! qui peut exprimer tes grandeurs immortelles,
» Toi qui, bien au-dessus des sphères éternelles,

» Si loin de nos regards, siéges au haut des Cieux?
» Dans ce monde sensible, en vain brille à nos yeux
» Quelque faible rayon de ta divine essence,
» De ta bonté sans borne ainsi que ta puissance :
» C'est à vous d'en parler, vous, Anges de clartés,
» Vous que Dieu voit toujours debout à ses côtés,
» Qui, dans un jour sans nuit, l'environnez sans cesse
» De cantiques d'amour et d'hymnes d'allégresse.
» Cieux, Terre, célébrez ce maître souverain,
» Centre de l'univers, son principe et sa fin !
» O toi, qui des clartés de la nuit lumineuse
» Te montres la dernière et la plus radieuse,
» Qui viens fermer leur marche, et places ton retour
» Entre la nuit mourante et le berceau du jour,
» Célèbre l'Éternel, dont la main fait éclore
» Cette tendre lueur, prémices de l'aurore !
» Et toi, l'âme à la fois et l'œil de l'univers,
» Soit que ton char brillant sorte du sein des mers,
» Soit que du haut des Cieux tu domines le monde,
» Soit que tes feux mourants redescendent dans l'onde,
» Soleil ! toi qu'il empreint de sa vive splendeur,
» Dans ta course éternelle, atteste sa grandeur ;
» Cours proclamer son nom du couchant à l'aurore,
» De l'aurore au couchant cours l'annoncer encore !
» Et toi, modeste sœur du grand astre du jour,
» Qui sembles le chercher, l'éviter tour-à-tour ;
» Orbes étincelants, qui, sans changer de place,
» Sur votre axe enflammé tournoyez dans l'espace ;

LIVRE V. 237

» Et vous, globes errants, mondes harmonieux,
» Qui poursuivez en chœur vos cercles radieux,
» Célébrez le Très-Haut, votre source première,
» Qui du sein de la nuit fit jaillir la lumière !
» Contemporains du monde, éléments fraternels,
» Qui rajeunissez tout dans vos jeux éternels,
» Dont le fécond mélange entretient ses ouvrages,
» Ainsi que ses travaux, variez vos hommages !
» Nébuleuses vapeurs, sombres exhalaisons,
» Fils humides des lacs, des marais et des monts,
» Soit que vous abreuviez nos campagnes brûlantes,
» Soit qu'au gré du Soleil, vos couleurs éclatantes
» D'or, de pourpre et d'azur embellissent le Ciel,
» Naissez, montez, tombez, et louez l'Éternel !
» Célébrez l'Éternel, fiers Autans, doux Zéphyre !
» Vous tous, à qui des airs il partagea l'empire,
» O Vents, remplissez-les du nom de votre roi !
» Forêts, inclinez-vous ? cèdre altier, courbe-toi !
» Bénissez le Seigneur, fiers torrents, sources pures,
» Et vous, des clairs ruisseaux mélodieux murmures !
» Qu'il bénisse son nom, l'oiseau vif et joyeux
» Qui dès le point du jour chante aux portes des Cieux !
» Chœurs des airs, répétez sa louange immortelle !
» Qu'elle éclate en vos sons, et vole sur votre aile.
» Vous tous, qui voltigez, nagez, courez, rampez,
» Hôtes des bois, des champs, des sommets escarpés !
» Ah ! quand tout s'associe à ce concert immense,
» Soyez, soyez témoins si je reste en silence !

» Oui, le soir, le matin, à chanter ses bienfaits
» J'instruis les antres sourds et les rochers muets ;
» J'en parle aux champs, aux monts, à la forêt profonde.
» Salut, Être divin ! salut, maître du monde !
» Conduis-nous, soutiens-nous ; et si l'Ange du mal
» Nous tend durant la nuit quelque piége fatal ;
» Dissipe, Dieu puissant, tous ces fantômes sombres,
» Comme je vois dans l'air s'évanouir les ombres ! »
Tel priait l'heureux couple, et dans leur cœur charmé,
Bientôt est revenu le calme accoutumé.
Le matin les rappelle à leur travail champêtre :
A travers mille fleurs que l'Aurore a fait naître,
Sur la fraîche rosée ils avancent tous deux
Aux endroits où leurs fruits, leurs fleurs ont besoin d'eux.
Là, des plants trop nourris les branches vagabondes
Dans leurs embrassements languissent infécondes ;
Ils répriment leur luxe : ailleurs un soin plus doux
Unit la jeune vigne à l'ormeau son époux ;
Ses grappes sont sa dot, et sa tige fertile
Mêle ses fruits de pourpre au feuillage stérile :
Le roi des Cieux, qui voit leur agreste labeur,
Appelle Raphaël, céleste voyageur,
Qui conduisit Tobie ; et des nœuds d'hyménée
A Sara sept fois veuve unit sa destinée,

« Raphaël, lui dit-il, tu sais que des Enfers
» S'est lancé vers Éden le monarque pervers ;
» Que cette même nuit, poussé par la vengeance,
» Il a de deux cœurs purs menacé l'innocence.

» Je connais ses projets ; son orgueil irrité
» Veut perdre ces époux et leur postérité.
» Pars donc, choisis l'instant propice à ton message,
» Où, calme et retiré dans le fond d'un bocage,
» A l'aide du sommeil ou d'un simple festin,
» Adam respirera des travaux du matin,
» Et fuira du midi la chaleur importune.
» Par tes soins vigilants préviens son infortune,
» Donne-lui de ce jour la seconde moitié ;
» Ami, prends avec lui l'accent de l'amitié ;
» Peins-lui bien ses devoirs, son bonheur, ma tendresse.
» De secours suffisants j'ai muni sa faiblesse :
» C'est à lui d'en user : mais libre dans ses vœux,
» C'est à lui de se rendre heureux ou malheureux.
» La liberté pourrait produire l'inconstance ;
» Je crains que de son cœur l'aveugle confiance
» Dans la sécurité ne le tienne endormi.
» Dis-lui tous ses dangers, dis que son ennemi,
» Satan veut dans sa chute entraîner des complices.
» Qu'il brave son pouvoir, mais non ses artifices :
» Contre la violence il aura mon appui,
» Mais la séduction peut triompher de lui.
» De l'esprit tentateur qu'il connaisse la ruse :
» Averti par ta voix, il sera sans excuse ;
» Lui seul, il aura fait ses crimes et ses maux ».
Tel est l'arrêt de Dieu ; Raphaël à ces mots
S'incline avec respect, et déployant ses ailes
Qui défendaient ses yeux des splendeurs éternelles,

Fend la presse qui s'ouvre, arrive en un instant
A la porte du Ciel, dont le double battant
Roule sur ses gonds d'or, et s'ouvrant de lui-même,
Du divin architecte annonce l'art suprême.
Il regarde ici-bas : nul astre, nuls brouillards
Dans leur rapide essor n'arrêtent ses regards ;
Notre terre bornée à sa distance énorme
Des orbes lumineux lui présente la forme ;
Il voit du frais Éden le séjour fortuné,
Dont le pompeux sommet de cèdres couronné
Surpasse en majesté les plus hautes montagnes ;
Il le voit, tel qu'au sein des humides campagnes,
L'île de Jupiter ou la verte Délos,
Comme un point nébuleux, se montre aux matelots.
Il s'élance : de l'air il fend les vastes ondes ;
Nage entre les soleils, et traverse les mondes ;
Tantôt, sur l'aquilon rapidement porté,
File son vol égal avec agilité ;
Et tantôt, frappant l'air qui s'ouvre devant elles,
D'un battement rapide il agite ses ailes,
Poursuit, arrive au point de l'empire des Cieux
Qu'atteint de l'aigle altier l'essor ambitieux.
Du peuple ailé des airs la surprise est extrême ;
Il croit voir le phénix, père, enfant de lui-même,
Certain, dans son trépas, de l'immortalité,
Et le gage éternel de sa postérité,
Quand cet oiseau brillant, la merveille du monde,
Pour remettre au soleil sa dépouille féconde,

Vole aux remparts thébains, et, content de son sort,
Trouve au même bûcher la naissance et la mort.
Tel le ministre ailé poursuivait son voyage.
Enfin il voit d'Éden le fortuné bocage :
Là, s'arrête son vol ; il s'abat, il descend
Sur les riants coteaux que voit le jour naissant ;
Là, tout brillant de gloire, et rayonnant de joie,
Il redevient lui-même ; il revêt, il déploie
Six ailes, de son titre attribut éclatant :
Il agite dans l'air leur plumage flottant ;
De leur brillant duvet sortent des étincelles,
Et les parfums du Ciel s'exhalent autour d'elles.
A peine il l'aperçoit, le bataillon divin,
Sentinelle assidue aux portes du jardin,
S'incline avec respect, et salue avec joie
Le messager ailé que l'Éternel envoie :
Il traverse leur camp ; il arrive en ces bois
Où, dans l'air embaumé, s'exhalent à la fois
L'ombre, l'encens, le nard, la myrrhe la plus pure,
Riche profusion des dons de la nature,
De la nature heureuse et fraîche et vierge encor.
A sa jeune vigueur elle donne l'essor,
Et sans art, sans apprêt, dans ses libres caprices,
De son premier printemps prodigue les délices.
Tandis qu'il traversait ces bois délicieux,
Seul, loin de son berceau, jetant au loin les yeux,
Adam le voit venir ; alors l'astre du monde
Dans les flancs de la terre et les gouffres de l'onde

Dardait ses traits brûlants ; Ève, au fond du bosquet,
Rangeait les mets choisis pour leur simple banquet,
Les délices des fruits, le nectar du laitage ;
Et des raisins ambrés exprimait le breuvage.
« Accours, chère Ève, accours ! dit Adam ; j'aperçois
» Un illustre étranger s'avançant dans nos bois ;
» Il vient de l'orient : quel éclat le décore !
» Dans l'ardeur du midi je crois revoir l'aurore,
» C'est, je n'en doute point, un envoyé de Dieu :
» Puisse l'hôte divin honorer ce beau lieu !
» Va, ne perds point de temps, dans ces riants hospices,
» Des fruits gardés par toi qu'il goûte les délices ;
» Traitons-le avec honneur ; chère épouse, rendons
» A qui nous donne tout, une part de ses dons.
» Vois quels biens la nature ici nous abandonne :
» Plus nous lui demandons, et plus elle nous donne ;
» Le fruit succède au fruit : à peine ces fruits d'or
» A nos heureuses mains ont livré leur trésor,
» Sa libérale main bientôt les renouvelle :
» Ah ! soyons généreux et prodigue comme elle ».
« — O toi, que Dieu forma du limon le plus pur,
» Lui répond son épouse : ici plus d'un fruit mûr,
» Des diverses saisons renaissante largesse,
» Pendant à ces rameaux, prodigué sa richesse ;
» Je n'ai donc réservé de ces nombreux bienfaits,
» Que ces fruits pleins d'aigreur qui naissent imparfaits,
» Et qui, mis en dépôt par une main soigneuse,
» Acquièrent pas le temps leur douceur savoureuse.

» Mais je pars, et je cours choisir dans ce verger,
» Ce qui peut le mieux plaire au céleste étranger,
» Le melon succulent et la poire fondante :
» En voyant de nos fruits la récolte abondante,
» Que l'Ange les admire, et convienne à nos yeux
» Que la Terre est ici la rivale des Cieux ».

Elle dit, va choisir dans la nature entière
Tout ce qui peut orner sa table hospitalière,
Veut que l'œil et le goût soient flattés à la fois,
Que les mets assortis se suivent avec choix,
Et, croissant de saveur et de délicatesse,
De la faim languissante excitent la paresse.
Soudain, comme l'abeille ardente à son butin,
Elle part : elle enlève au verger, au jardin,
Les fruits les plus parfaits, tout ce que donne au monde
La Terre, heureuse mère, et nourrice féconde.
Tous ces dons maintenant épars dans l'univers
Offraient dans ce lieu seul tous les climats divers,
Ce que fournit le Pont, et que l'Afrique étale,
Les trésors que mûrit la rive orientale,
Les fruits de l'occident, et ceux qu'en ses jardins
Alcinoüs soignait de ses royales mains.
Ici resplendit l'or, ailleurs la pourpre éclate ;
L'un offre le duvet de sa peau délicate,
L'autre est couvert d'écaille ou hérissé de dards :
Charmes de l'odorat, et charmes des regards,
Chacun brigue sa place, et le goût la décide.
Les fruits amoncelés montent en pyramide :

Ève d'un œil content voit sa riche moisson,
Exprime de la grappe une douce boisson;
Par l'innocent nectar la joie est éveillée.
L'amande, de sa peau par ses mains dépouillée,
Change son suc exquis en lait délicieux;
Sa douceur plaît au goût, et sa blancheur aux yeux.
Tous les vases sont purs, la nature les donne;
Et la reine des fleurs, la rose, les couronne.
 Adam vole au-devant de son hôte divin.
Il n'a point sur ses pas tout ce cortége vain
Dont s'entoure en marchant la majesté terrible
De ces rois dont l'orgueil, au peuple inaccessible,
De l'éclat de leur or, du faste de leurs chars,
Vient dans un jour de pompe éblouir les regards.
Libre de ces flattteurs dont la cour les assiége,
Le calme est sa grandeur, les vertus son cortége.
L'hôte céleste arrive : Adam plein de respect,
Soumis, mais confiant, s'incline à son aspect :
« Prince des Cieux, dit-il, car ta forme divine
» A décélé d'abord ton illustre origine;
» Puisque, laissant pour nous ton trône glorieux,
» Tu voulus bien descendre en ces terrestres lieux,
» Fais plus encor pour nous : sous ce berceau tranquille,
» Avec nous aujourd'hui partage cet asile,
» Jusqu'à l'heure où le jour amortira ses traits :
» Goûte en paix ces beaux fruits et ces ombrages frais.
» Nous sommes seuls ici, mais notre divin maître
» Daigna nous accorder ce domaine champêtre;

LIVRE V.

» Là nos voix s'uniront pour bénir sa bonté ».

L'Archange lui répond : « Cet asile enchanté,
» Ces hôtes valent bien qu'un Ange les visite.
» Sous ce riant berceau que la fraîcheur habite,
» Je veux bien du Soleil attendre le déclin ».

Il dit : du toit champêtre ils prennent le chemin ;
Lieu charmant, dont les fleurs enlacent le feuillage,
Embaumé de parfums, et couronné d'ombrage.
Simple et joignant la grâce à la simplicité,
Ève les attendait, Ève dont la beauté,
Quand Pâris décida de la pomme fatale,
Même auprès de Vénus n'eût point eu de rivale :
Aimable d'innocence et belle de candeur,
Son corps est revêtu de sa seule pudeur ;
Sa belle âme se peint sur son charmant visage,
Se lit dans ses regards, s'entend dans son langage.
« Salut ! » dit Raphaël : mot céleste qu'un jour
L'Ève, mère d'un Dieu, doit entendre à son tour.
Mais l'une du serpent doit écraser la tête ;
Puisse l'autre bientôt n'être pas sa conquête !
« Salut, dit-il, ô toi, dont la fécondité
» Promet à l'univers une postérité
» Plus nombreuse cent fois que les fruits, les feuillages,
» Et les brillantes fleurs, enfants de ces bocages ! »
On s'assied. Le gazon en table façonné
De siéges naturels s'élève environné ;
Sous eux s'enfle et s'étend une mousse légère ;
Là s'étale à leurs yeux l'automne tout entière :

L'automne, le printemps, et les fruits, et les fleurs,
Du champêtre banquet disputent les honneurs.
« Daigne goûter ces dons, dit le père des hommes;
» De l'auteur de tout bien, du Dieu par qui nous sommes,
» Ces fruits sont un bienfait; il prévient nos desirs;
» Il veille à nos besoins et même à nos plaisirs.
» Faits pour d'humbles mortels, ces aliments agrestes
» Peut-être flattent peu des essences célestes;
» Mais ils viennent d'un Dieu libéral envers tous;
» Daigne en les partageant les rendre encor plus doux ».
— « Ces mets, bénissons-en le Dieu de la nature,
» Peuvent nourrir, dit l'Ange, une substance pure,
» Même goût peut unir des êtres différents :
» Ton corps reçut une âme, et nos esprits des sens :
» Nos êtres sont doués d'une double puissance :
» L'une est le sentiment, l'autre l'intelligence;
» Si l'Homme peut penser, l'Ange peut se nourrir;
» A nos sens comme aux tiens chaque objet vient s'offrir.
» Il nous donna des yeux témoins de ses merveilles,
» Un goût pour les saveurs, pour les sons des oreilles :
» Tout ce qu'il a fait naître a besoin d'aliments.
» Vois de dons mutuels vivre les éléments,
» La Terre de ses eaux nourrit les mers profondes;
» De la Terre et des mers les vapeurs vagabondes
» Vont alimenter l'air; l'air va nourrir ces feux
» Qui roulent suspendus sous la voûte des Cieux.
» Vois rouler dans les Cieux l'astre qui vous éclaire :
» De son globe enflammé le monde est tributaire,

» Il boit dans l'océan ; et les tributs des mers
» Vont payer les bienfaits que lui doit l'univers.
» Nos mets sont plus parfaits au séjour de la vie;
» Nous buvons le nectar, savourons l'ambroisie ;
» Pour nous chaque matin, dans les jardins du Ciel,
» La manne tombe en perle, et la rosée en miel :
» Mais vos fruits sont charmants; leurs couleurs mariées
» Mêlent avec plus d'art leurs teintes variées ;
» Avant de plaire au goût, ils enchantent les yeux;
» Et la Terre n'est pas moins riche que les Cieux ».

   Il dit, et prend sa place : Ève chastement nue,
Satisfaisant ensemble et le goût et la vue,
Choisit les plus beaux fruits, et de sa jeune main
Dans l'écorce odorante épanche un jus divin.
Volupté pure et sainte ! ô céleste innocence !
Ah ! si les fils du Ciel, oubliant leur naissance,
A des amours mortels pouvaient s'abandonner,
Un objet aussi beau l'aurait fait pardonner.

   Dès que leur doux banquet, frugale nourriture,
Eut, sans la surcharger, satisfait la nature,
Adam sent naître en lui le desir curieux
De connaître les mœurs de ces enfants des Cieux,
Qui, de gloire et d'éclat revêtu par Dieu même,
Sont les brillants reflets de sa grandeur suprême,
Qui, l'honneur de sa cour, chefs-d'œuvre de ses mains,
Contemplent de si haut les fragiles humains.
D'un air respectueux et d'une voix modeste,
Il s'adresse en ces mots au convive céleste :

« Fils du Ciel, lui dit-il, ah! combien je te doi !
» Combien l'Homme en ce jour est honoré dans moi !
» Hôte de nos bosquets, assis à notre table,
» Toi qui buvais des Cieux le nectar délectable,
» Tu n'a pas dédaigné nos rustiques festins,
» Quoique bien différents de tes banquets divins ! »

« Adam, répond l'Archange, il est temps de connaître
» Et les Anges, et l'Homme, et le monde et son maître,
» Un Dieu seul règle tout, de tout il est l'appui :
» Tout existe, se meut, et respire dans lui.
» Si le mal ne l'a point altéré dans sa course,
» L'être créé par Dieu retourne vers sa source,
» Rien n'en sort corrompu. Des êtres différents
» Il fixe le partage, il assigne les rangs ;
» Plus ils sont près de lui, plus leur essence est pure :
» Tous, suivant leur penchant, leur état, leur nature,
» De degrés en degrés devenus plus parfaits,
» S'efforcent d'approcher du Dieu qui les a faits.
» De sa souche terrestre ainsi la jeune plante
» Sort, déploie avec grâce une tige élégante ;
» Sur la tige s'élève un branchage léger,
» Ses feuillages mouvants naissent pour l'ombrager ;
» La fleur vient à son tour, enfin, plus pur encore,
» En nuage odorant son parfum s'évapore.
» Tout aspire à monter dans cet ordre inégal,
» La pierre aux végétaux, la plante à l'animal,
» L'animal jusqu'à l'Homme, et l'Homme jusqu'à l'Ange
» Tout de ce corps mortel veut secouer la fange.

» Moins dégagés de sens, vos esprits sont moins prompts ;
» Souvent vous raisonnez lorsque nous contemplons ;
» Et, tandis qu'à pas lents marche votre pensée,
» Par nous des vérités la chaîne est embrassée.
» Ainsi dans l'univers tout monte par degrés.
» Des habitants des Cieux, vous-mêmes séparés,
» Un jour, peut-être, un jour, sur de brillantes ailes,
» Planerez comme nous aux voûtes éternelles,
» Comme nous descendons au terrestre séjour.
» Vous, fidèles au Dieu qui vous donna le jour,
» Méritez ce bonheur par votre obéissance :
» Pour conserver ses dons gardez votre innocence ;
» De la part qu'il vous fit sachez vous contenter,
» Et n'allez point la perdre en voulant l'augmenter ».

« Quel jour pur tu fais luire à notre intelligence !
» Répond Adam charmé. Je suis l'échelle immense
» De ces êtres divers répandus en tout lieu,
» Et je monte avec toi jusqu'au trône de Dieu.
» Mais pourquoi ces conseils de l'aimer, de lui
» Ah! quels enfants ingrats méconnaîtraient leur père !
» Qui n'aimerait un Dieu si bon, si généreux,
» Qui de ce vil limon fit deux êtres heureux,
» Et du bien qui convient à notre humble nature
» De sa prodigue main nous combla sans mesure ».

L'Ange répond : « O fils de la terre et du Ciel !
» Écoute. Ton bonheur te vient de l'Éternel ;
» Conserver ce bonheur doit être ton ouvrage.
» Ce monde fortuné, ton paisible partage,

» De ton obéissance il doit être le prix :
» Pour être heureux toujours, reste toujours soumis ;
» Dieu t'a créé parfait, et non pas immuable,
» Bon, mais libre : tu peux être juste ou coupable,
» Perdre ou gagner ses dons ; enfin, ta volonté
» Ne porte point le joug de la fatalité.
» Eh ! quel mérite aurait la triste obéissance
» D'un cœur à ses devoirs lié par l'impuissance ?
» Qui veut honorer Dieu doit pouvoir l'outrager ;
» A côté des secours il a mis le danger :
» Tel est l'arrêt du Ciel, tel est ton sort. Nous-mêmes,
» Assis auprès de Dieu sur nos trônes suprêmes,
» Dans un sort différent suivant les mêmes lois,
» Nous servons librement, et nous aimons par choix.
» Dieu sait quel choix ont fait des serviteurs rebelles ;
» Ils se sont révoltés pouvant être fidèles :
» Aussi de quel bonheur, dans quel gouffre de maux
» Les ont précipités leurs funestes complots !
» Imite notre exemple, et non pas leur audace ».

« Enfant du Ciel, répond l'auteur de notre race,
» De quel secret transport ta voix vient me saisir !
» Mon oreille t'écoute avec plus de plaisir
» Que je n'entends, au sein des nuits silencieuses,
» Des Chérubins en chœur les voix mélodieuses.
» Nos actions, nos vœux sont à nous, je le sais ;
» Mais nous sommes heureux et libres, c'est assez :
» Qui pourrait s'irriter d'une seule défense ?
» A qui nous soumet tout je voue obéissance,

LIVRE V. 251

» J'obéirai. Pourtant ces révoltes des Cieux
» Me causent quelque trouble. Exauce donc mes vœux;
» Apprends-moi, je t'écoute en un profond silence,
» Quels sont les criminels, le crime et la vengeance :
» Le temps nous le permet, le grand astre des jours
» A peine a terminé la moitié de son cours;
» A peine à l'occident il commence à descendre ».
Il dit. « A tes desirs je consens à me rendre,
» Lui répond Raphaël ». Après quelque repos
Il reprend la parole et commence en ces mots :

  « O père des humains ! de cette triste histoire
» Faut-il donc réveiller l'affligeante mémoire?
» Eh ! comment raconter à de faibles mortels
» Ces grands combats livrés dans les champs éternels?
» Aux terrestres humains comment rendre sensibles
» Des célestes héros les exploits invisibles :
» Ces esprits jadis purs, pourrai-je sans douleurs
» En rappeler la gloire et conter les malheurs?
» Ai-je droit de tirer de cette nuit profonde,
» Ces grands événements, secrets d'un autre monde?
» N'importe; ils vous peindront le céleste courroux,
» Et les crimes des Cieux sont des leçons pour vous.
» Pardonne, quand des Cieux je te décris la guerre,
» Si j'emprunte mes traits des scènes de la terre :
» Ne t'en étonne pas; je les connais tous deux;
» Ce monde bien souvent est l'image des Cieux.

  » Dieu n'avait pas encor créé ce nouveau monde;
» L'affreux Chaos régnait avec la nuit profonde

» Aux mêmes régions où ce jeune univers,
» Balancé par son poids, roule aux plaines des airs :
» Mais un jour (car le temps, dans l'éternité même,
» Dans ce cercle où chaque astre, en sa vitesse extrême,
» Ouvre, poursuit, finit, recommence son cours,
» Dans le Ciel, comme à vous, nous mesure les jours,
» Ces jours dont la longueur égale votre année),
» Par l'Éternel lui-même avec pompe ordonnée,
» Une marche imposante amena sous ses yeux,
» Des quatre points du jour la milice des Cieux :
» Entre les rangs pressés de leurs bandes guerrières,
» Des forêts de drapeaux, d'enseignes, de bannières,
» Marquant les rangs, les chefs, les bataillons divers,
» Au centre de l'armée ondoyaient dans les airs ;
» Chaque riche écusson, de l'amour et du zèle
» Interprète éloquent et monument fidèle,
» Des services passés, gages de l'avenir,
» Dans leurs chiffres brillants, gardait le souvenir.
» Autour du Dieu vivant avec ordre se range,
» En cercles redoublés, phalange sur phalange :
» A sa droite est son fils. Lui, tempérant l'ardeur
» Du trône qui le cache à force de splendeur,
» Du haut d'une montagne invisible et brûlante,
» Fait entendre en ces mots sa voix toute-puissante : »
 « Héritiers éternels des célestes clartés,
» Rois, dominations, trônes, principautés,
» Écoutez mon décret, mon décret immuable :
» Un fils est né de moi dans ce jour mémorable;

LIVRE V.

» Il est mon fils unique, il est l'oint du Seigneur :
» Moi-même à haute voix proclame sa grandeur,
» A ma droite placé, je veux qu'on le révère
» (J'en ai fait le serment) à l'égal de son père;
» Que le Ciel à genoux reconnaisse son roi;
» Que tous soient réunis, soient heureux sous sa loi :
» Qui lui désobéit fait outrage à moi-même;
» Perturbateur des Cieux et de l'ordre suprême,
» Je le maudis; ma voix le bannit à jamais
» Du temple du bonheur, du séjour de la paix;
» Qu'il tombe, qu'il habite au fond du noir abîme,
» De mon courroux vengeur éternelle victime :
» Oui, comme mon courroux, ses maux seront sans fin ».
 A ces mots solennels, Chérubin, Séraphin,
Font éclater l'amour, le respect, l'allégresse;
Quelques-uns seulement déguisent leur tristesse.
Cependant, tout ce jour, les Anges enchantés,
Ainsi qu'aux jours pompeux de leurs solennités,
Commencent leurs concerts et leurs danses joyeuses :
C'est vous qu'ils imitaient, danses mystérieuses,
Labyrinthes mouvants des corps brillants des Cieux,
Qui, venant, revenant, se croisant dans leurs jeux,
Même dans leurs erreurs au grand ordre fidèles,
Mêlent sans les brouiller leurs rondes éternelles :
Accords toujours nouveaux, concert toujours charmant,
Que Dieu lui-même écoute avec ravissement !
Le soir (car nous avons notre soir, notre aurore,
Riche variété dont le Ciel se décore,

Non pas pour nos besoins, mais pour offrir aux yeux
Le spectacle changeant de la pompe des Cieux),
Le soir, un doux banquet, banquet digne des Anges,
En cercle réunit les célestes phalanges :
L'odorante ambroisie emplit des vases d'or ;
Des vins d'un cru céleste épanchent leur trésor ;
Et dans le diamant, où leur liqueur ruisselle,
En liquides rubis le nectar étincelle.
Tous, la coupe à la main, de fleurs environnés,
Étendus sur des fleurs, et de fleurs couronnés,
Au banquet fraternel où leur roi les convie,
Boivent l'amour, la joie, et l'éternelle vie :
Le plaisir sans excès est prodigué pour eux :
De leur félicité Dieu lui-même est heureux.
Enfin du mont divin, d'où part le jour et l'ombre,
Le crépuscule jette une teinte plus sombre ;
Voile faible et léger qui, dans ce beau séjour,
Laisse encore à la nuit quelques restes du jour :
Le doux sommeil revient ; déjà notre paupière
Se mouille des vapeurs de son aile légère ;
Tous les yeux, hors celui qui veille incessamment,
Tout prêts à se fermer s'ouvrent languissamment.
Au pied du mont sacré règne une vaste plaine
Que la terre aplatie égalerait à peine :
Tout le camp se disperse, et ses nombreux drapeaux
Du fleuve de la vie ont ombragé les eaux :
De riches pavillons et de superbes tentes
Soudain ont déployé leurs couleurs éclatantes ;

Tout s'endort, tout se livre aux douceurs du repos,
Caressé du zéphyr et bercé par les flots.
Quelques-uns seulement, nocturnes sentinelles,
Pour célébrer de Dieu les grandeurs éternelles,
Veillent près de son trône, et leurs voix tour-à-tour
Se répondent en chœur, chantant l'hymne d'amour.

 Le superbe Satan (c'est le nom qu'on lui donne
Depuis qu'il a perdu sa céleste couronne,
Son premier nom n'est plus prononcé devant Dieu),
Satan veillait aussi, mais contre le Saint-Lieu.
Favori du Très-Haut, contre un fils qu'il abhorre
Sa jalouse fureur en secret le dévore ;
Ce fils, cet héritier du sceptre paternel,
Son règne proclamé dans ce jour solennel,
Importunent son cœur ; et sa haine insensée
Par ces honneurs nouveaux croit sa gloire éclipsée :
De là ses fiers dépits et ses hardis complots.
Tandis que tout se tait et se livre au repos,
Il prétend, dans la nuit, entraîner à sa suite
Les lâches déserteurs, compagnons de sa fuite,
Et, de leur cœur fidèle infâme suborneur,
Laisser son Dieu sans culte, et son roi sans honneur.
Au premier après lui le perfide s'adresse,
Et tente par ces mots sa crédule faiblesse :

 « Tu dors, cher compagnon ! mais sais-tu quel réveil
» Va bientôt succéder à ce lâche sommeil ?
» Cher compagnon, tu dors ! perds-tu donc la mémoire
» De ce décret récent, fatal à notre gloire ?

» Je t'ai cru mon ami ; dans plus d'un entretien,
» Je t'épanchai mon cœur et tu m'ouvris le tien :
» Mille fois, tu le sais, je partageai tes veilles ;
» Quand je veille pour toi, c'est donc toi qui sommeilles !
» Un maître nous soumet à de nouvelles lois ;
» Un zèle tout nouveau doit maintenir nos droits :
» T'en dire plus ici serait une imprudence.
» Toi, rassemble les chefs soumis à ma puissance ;
» Dis-leur qu'avant le jour, par l'ordre exprès de Dieu,
» Avec tous mes drapeaux je dois quitter ce lieu,
» Conduire au camp du nord les chefs que je commande.
» Je cours y préparer les honneurs qu'on demande
» Pour ce fils du Très-Haut, qui doit, le sceptre en main,
» Montrer aux légions leur nouveau souverain :
» Demain commencera sa marche triomphante.
» Pars. » Le chef, égaré par sa voix séduisante,
En reçoit dans son cœur le philtre insidieux,
Transmet de chef en chef cet ordre factieux :
« Avant le jour, dit-il, l'enseigne impériale
» Doit partir de ces lieux ; la pompe triomphale
» Du nouveau souverain commande ce départ ».
Dans des mots ambigus sa voix jette avec art
Des semences d'envie et des germes de haine ;
Il ébranle de l'un la constance incertaine,
Corrompt la foi de l'autre, et donne le signal.
Tout se range à l'instant sous son drapeau royal :
Tant sur les cœurs soumis exercent de puissance
Le grand nom de Satan, ses honneurs, sa vaillance.

Ce front plus radieux que l'astre qui du jour
A la nuit étoilée annonce le retour,
Ce brillant Lucifer, dont le nom reste encore
A ce chef qui l'usurpe et qui le déshonore !
Sa ruse enfin séduit ses crédules soldats,
Et le tiers de l'armée a marché sur ses pas.

Ils volent, et la nuit sert leur fuite coupable.
Cependant ce pouvoir dont l'œil inévitable,
De son regard perçant lit jusqu'au fond des cœurs,
Du haut du mont sacré brillant de ses splendeurs,
Où brûlent dans la nuit des lampes éternelles,
A vu sans leurs secours ces trames criminelles,
Ses décrets méconnus, tout le nord révolté,
Et déjà l'orient de ligues infesté.
Aussitôt à son fils, avec un doux sourire,
Il adresse ces mots : « Appui de mon empire,
» Toi, dans qui le Très-Haut resplendit tout entier,
» Toi, de mon trône antique éternel héritier,
» Il est temps d'assurer notre toute-puissance !
» Tu vois jusqu'où du nord s'emporte la licence :
» Pour fonder son pouvoir, Satan combat le mien ;
» Au-dessus de mon trône il veut placer le sien.
» Levons-nous, armons-nous contre le téméraire,
» Défendons mes honneurs, mes droits, mon sanctuaire,
» De mes élus chéris le séjour fortuné,
» Et la montagne sainte où je t'ai couronné ».
Alors calme, serein, et rayonnant de gloire,
Comme un triomphateur au sein de la victoire,

Son fils lui répondit : « Que ton juste dédain
» Se rit avec raison d'un ennemi si vain !
» Pour moi sa haine m'ouvre une illustre carrière :
» Il saura si ce bras sait mettre une barrière
» Aux complots insolents de ces vils factieux,
» Et si c'est à ton fils de fléchir devant eux ».

Il dit : et cependant des légions rebelles
Le chef vole, emporté sur ses rapides ailes :
Ses guerriers l'ont suivi, mille fois plus nombreux
Que les flots de la mer ou les astres des Cieux ;
Le matin, sur les fleurs, ou les feuilles humides,
Brillent moins de rubis et de perles liquides.
Il s'avance, il traverse avec ses légions,
De mille états divers, les vastes régions
Que gouvernent des rois, des potentats, des princes,
De l'empire des Cieux innombrables provinces,
Près de qui tout ce globe et ces climats divers
Sont comme tes jardins auprès de l'univers.

Enfin il touche au nord, siége de sa puissance.
Là, dans tout l'appareil de sa magnificence,
Tel qu'un mont d'où s'élève un mont audacieux
Le palais de Satan se présente à leurs yeux.
De loin on aperçoit ses tours pyramidales,
Des célestes palais orgueilleuses rivales,
Et de l'ambition coupable monument :
Lui-même les forma d'or et de diamant,
Et sur ce mont superbe où leur masse domine,
Affecta d'imiter la montagne divine

Où l'Éternel réside, et, sur son trône assis,
Aux yeux de l'Empyrée a couronné son fils.
Là, s'arrête Satan, et son conseil s'assemble;
Là, tous les chefs unis doivent régler ensemble
Les hommages nouveaux qu'en ce jour solennel
Doit offrir l'Empyrée au fils de l'Éternel.
Sous ce prétexte heureux, son adroit artifice
Harangue dans ces mots la céleste milice :
« Trônes, principautés, rois, dominations,
» Si ces titres pompeux ne sont pas de vains noms,
» Depuis qu'un roi nouveau, grâce aux décrets suprêmes
» Sur nos fronts éclipsés flétrit nos diadèmes,
» Pour cet oint du Seigneur tout pouvoir est détruit.
» C'est pour lui, pour lui seul, qu'au milieu de la nuit
» D'un maître impérieux la volonté subite
» A vers ces bords lointains précipité ma fuite.
» Eh! quel motif pressant nous amène en ces lieux?
» L'honneur de recevoir cet autre roi des Cieux,
» De régler les tributs qu'on doit à son passage :
» Trop heureux, s'il veut bien accueillir notre hommage,
» Permettre qu'à ses pieds nous tombions à genoux !
» Au mépris de vos droits anéantis pour vous,
» Deux sceptres à la fois vont peser sur vos têtes.
» Fils des dieux, levez-vous, et songez qui vous êtes,
» Rois vous-mêmes, d'un Dieu serez-vous les vassaux?
» Les rangs sont différents, mais les droits sont égaux.
» La fière liberté souffre avec patience
» Les titres, les honneurs, et même la puissance :

» Mais, d'un pouvoir injuste ardente à s'affranchir,
» Au joug de ses égaux s'indigne de fléchir :
» L'égalité, fidèle au pouvoir légitime,
» Se relève en fureur sous la main qui l'opprime,
» Ce tyran à nos droits oppose ses arrêts :
» À qui suit la raison qu'importent ses décrets ?
» C'était peu que le père usurpât notre hommage ;
» Il nous faut dans son fils adorer son image.
» Vain espoir : ces sujets qu'il prétend asservir,
» Sont nés pour gouverner, et non pas pour servir ».

 Ainsi parle Satan, tout se tait, aucun n'ose
Ou venger l'Éternel, ou défendre sa cause.
Seul, du Dieu tout-puissant fervent adorateur,
Et de toutes ses lois fidèle exécuteur,
Abdiel s'est levé : dévoré d'un saint zèle,
Dans ses yeux enflammés la fureur étincelle,
Et sa voix tonne ainsi contre les factieux :

 « O forfait ! ô blasphème inouï dans les Cieux,
» Odieux attentat d'un ingrat et d'un traître
» Qu'à côté de son trône avait placé son maître !
» Tu te plains que d'un Dieu les ordres tout-puissants
» Aient pour son fils unique exigé notre encens,
» Aient voulu que le Ciel, de sa grandeur divine,
» Reconnût à genoux la céleste origine !
» Oses-tu bien blâmer le décret solennel
» Qu'il a juré lui-même à la face du Ciel ?
» Aucun dans son égal ne doit trouver un maître ?
» Est-ce à toi de juger le Dieu qui t'a fait naître,

» Qui nous donna les Cieux, et dont les sages lois
» Dans leur juste limite ont renfermé nos droits ?
» Nos plaisirs, nos honneurs, de ce Dieu sont l'ouvrage :
» Bien loin que sa grandeur veuille nous faire outrage,
» Son éclat, son pouvoir rejaillissent sur nous,
» Et sous un même chef il nous réunit tous.
» Et quand il serait vrai, comme tu l'oses dire,
» Que nul de son égal ne supporte l'empire,
» Prétends-tu, quels que soient tes titres glorieux,
» Te croire égal au fils du Souverain des Cieux ?
» En vain tu vois marcher sous tes ordres suprêmes,
» Rois, dominations, trônes et diadèmes ;
» Quoi que t'ait prodigué son pouvoir paternel,
» Qu'es-tu près de ce fils, par qui l'Être éternel
» Créa d'un mot le monde, et toi-même, et les Anges ?
» Qui, sans rien exiger qu'un tribut de louanges,
» Leur assigna leurs noms, leurs titres glorieux,
» Et vient, comme un de nous, s'asseoir au milieu d'eux !
» Ah ! bien loin que par lui nos honneurs s'affaiblissent,
» Ses divines clartés sur nous se réfléchissent,
» Nos biens sont ses présents, sa force est notre appui ;
» Il gouverne par nous, et nous régnons par lui ».
Ainsi parle de Dieu le serviteur fidèle ;
Mais nul n'ose applaudir ou seconder son zèle ;
On le nomme indiscret et téméraire : enfin
L'affreux Satan triomphe, et, d'un ton plus hautain :
« Nous fûmes donc créés, dit-il, cœur bas et lâche !
» Et le père à son fils confia cette tâche ?

» Étrange découverte ! Apprends-nous, si tu peux,
» Par qui fut révélé ce grand secret des Cieux,
» Dans quels lieux, dans quels temps nous avons pris naissance.
» Quel caprice divin nous donna l'existence !
» Tu t'en souviens : pour moi, je ne me souviens pas
» Que d'autres avant nous aient peuplé ces états.
» Aux habitants des Cieux ne fais point cet outrage :
» Contemporains de Dieu, nous sommes notre ouvrage.
» Quand le cercle fatal eut achevé son tour,
» Au temps prédestiné nous reçûmes le jour :
» Race heureuse du Ciel, notre antique patrie,
» Nous ne devons qu'à nous notre éclat, notre vie.
» Bientôt ils apprendront, nos superbes rivaux,
» Si nous avons un maître, ou même des égaux ;
» Toi-même, tu sauras si c'est par la prière
» Que nous comptons de Dieu désarmer la colère,
» Et si dans son palais nous allons le chercher
» Pour lui demander grâce, ou pour l'en arracher.
» Pars, et cours en porter la nouvelle à ton maître ;
» Pars, un plus long délai serait peu sûr peut-être ».
 Il dit : un bruit confus s'entend de tout côté,
Pareil à l'océan par l'orage agité.
Tout applaudit Satan : Abdiel en silence
Entend gronder les flots de cette armée immense.
Mais enfin, quoique seul, le céleste héros
Laisse éclater son zèle, et s'exprime en ces mots :
« O cœur maudit de Dieu ! que nul remords ne touche,
» Entends, entends l'arrêt prononcé par ma bouche :

» Ton châtiment est prêt; tout ce peuple trompé
» Va, dans ton sort affreux périr enveloppé,
» Et de tes attentats infortuné complice,
» Ainsi que tes forfaits, partager ton supplice,
» Ne t'inquiète plus, lâche séditieux,
» Du rang que tu tiendras dans l'empire des Cieux.
» Tu te plaignais du joug qui pesait sur ta tête;
» Pour cette tête impie un joug plus dur s'apprête :
» Au lieu de ce décret, douce loi de l'amour,
» L'arrêt de la vengeance est lancé sans retour.
» Tu sais si Dieu t'aima, tu sauras s'il se venge.
» Tremble : en sceptre de fer son sceptre d'or se change,
» Non plus pour endurer un insolent affront,
» Mais pour courber ta tête et pour briser ton front.
» Oui, je suis ton conseil, je pars : non que je craigne
» Ces vils séditieux rangés sous ton enseigne;
» Je crains plutôt, je crains que la flamme du Ciel
» Ne mêle l'innocent avec le criminel.
» Tremble : Dieu prend sa foudre, et son bras va t'instruire,
» S'il n'a pu te créer, qu'il a pu te détruire ».

 Ainsi parle Abdiel, de tous ces factieux
Seul dévoué, seul pur, et seul religieux.
Tous ces flots menaçants et ce peuple infidèle,
Rien ne séduit sa foi, rien n'ébranle son zèle.
Il part, brave en passant les insultes, les cris,
Quelquefois se retourne avec un froid mépris,
Et pense déjà voir les flammes triomphantes
Embraser leurs drapeaux et consumer leurs tentes.

FIN DU LIVRE CINQUIÈME.

REMARQUES
SUR LE LIVRE CINQUIÈME.

Rien n'égale le charme qu'offre le début de ce chant. Le réveil d'Adam, qui n'a besoin, dit le poète, que du souffle du zéphyr, du chant matinal des oiseaux, du murmure des eaux et du doux frémissement des feuillages; l'étonnement que lui causent le sommeil prolongé d'Ève, ses joues enflammées, le désordre de ses cheveux; les regards tendrement inquiets qu'il attache sur elle, à demi relevé, et penché sur ce charmant visage également aimable dans la veille et dans le sommeil; tout cela est au-dessus de l'éloge.

Le discours par lequel son époux l'invite à s'éveiller, à jouir de la fraîcheur du matin, et lui peint le charme de l'aurore et de la campagne dont la culture les appelle, est vraiment enchanteur. Ce discours suffirait pour prouver que Milton aimait passionnément les beautés simples de la nature; et c'est une chose remarquable, que tous les grands poètes épiques, dont le genre paraît d'abord si étranger aux scènes champêtres, se font un plaisir de les mêler aux récits des actions héroïques; c'est un des charmes de Virgile et d'Homère lui-même; c'est ce que j'ai tâché d'exprimer dans les vers que je demande la permission de rappeler ici :

Non, je ne puis quitter le spectacle des champs :
Eh ! qui dédaignerait le sujet de mes chants ?
Il inspirait Virgile, il séduisait Homère ;
Homère, qui d'Achille a chanté la colère,
Qui nous peint la terreur attelant ses coursiers,
Le vol sifflant des dards, le choc des boucliers,
Le trident de Neptune ébranlant les murailles ;
Se plaît à rappeler, au milieu des batailles,
Les bois, les prés, les champs ; et de ces doux tableaux
Les riantes couleurs délassent ses pinceaux.

Le songe qui a troublé le sommeil d'Ève est admirablement imaginé pour préparer l'âme du lecteur au malheur qui l'attend : on sait combien l'on a abusé de cette machine poétique des songes, et combien l'effet en est sûr et puissant, lorsqu'ils sont naturels et vraisemblables. Il est certain que la nature, en nous donnant la crainte, nous donne quelquefois le pressentiment du malheur; et les pressentiments qui nous occupent éveillés, peuvent se retracer dans nos songes. Celui d'Ève est naturel et touchant; on y remarque avec plaisir la peinture délicieuse d'une belle soirée. C'est le pendant de celle d'un beau matin, que Milton vient de mettre dans la bouche d'Adam, et on ne sait auquel des deux tableaux on doit donner la préférence.

Quelle grâce et quelle délicatesse dans les premiers mots qu'Ève a prononcés à son réveil ! *Ah ! quel plaisir*, dit-elle, *de revoir la lumière et toi !* Que ce peu de mots exprime bien le besoin qu'on a de revoir la lumière consolante du jour, après un sommeil troublé par des images sinistres, et le besoin plus grand encore de revoir et d'entretenir la personne qu'on aime, et par qui l'on désire d'être rassuré ! Ce sont-là de ces traits profonds et délicats qui seuls feraient de Milton un grand poète.

La réponse d'Adam n'est pas de la même beauté ; il explique trop longuement la nature des songes ; et, en général, la philosophie prend trop souvent dans Milton la place du poète. Mais Adam profite avec sagesse et avec art du songe de son épouse pour lui rappeler ses devoirs et les défenses de Dieu.

Ce qu'il y a peut-être de plus enchanteur dans ce commencement de chant, c'est la peinture charmante d'Adam consolant son épouse. Deux larmes roulaient dans les yeux d'Ève, elle les essuie avec ses beaux cheveux ; Adam voit deux autres larmes prêtes à tomber ; il en prévient la chute par un tendre baiser, qui les arrête et la rassure. O que la poésie est, dans ce tableau, supérieure à tous les talents des peintres, qui ne peuvent saisir qu'un moment !

SUR LE LIVRE V.

Pourrais-je oublier de remarquer la sensibilité vertueuse d'Adam, qui accueille et bénit ces douces larmes, comme l'expression de la vertu timide qu'effarouche l'idée même du crime, qui se reproche la faute qu'elle craint, comme une faute commise?

Le retour des deux époux à leur travail, et le détail de leurs soins champêtres, est un tableau riant, qui forme un contraste agréable avec les idées tristes qui le précèdent.

On ne peut trop louer l'hymne à l'Être suprême, chanté à la porte de leur berceau. Le fond en est emprunté d'un des plus beaux psaumes de David; il respire l'enthousiasme sacré du roi prophète, et Milton seul peut-être avait le droit d'ajouter à la sublimité de ce magnifique tableau de la création.

Le retour du calme dans le cœur des deux époux, après leur invocation à l'Être éternel, est le plus bel éloge que l'on puisse faire du pouvoir de la prière.

Le message de Raphaël auprès des deux époux est heureusement imaginé, comme une occasion d'entendre raconter la guerre des Anges et l'histoire de la création. On est étonné de trouver quelquefois, au milieu des traits sublimes de Milton, naturellement porté à l'élévation et à la grandeur, l'affectation puérile des *concetti* italiens; on en trouve un exemple dans les vers où Adam fait remarquer à son épouse le messager céleste qui arrive dans tout son éclat à l'heure qui marque le milieu du jour. *On croit voir*, dit-il, *l'aurore arriver à midi*. Ce n'est pas la seule fois que Milton a abusé du commerce qu'il avait eu, dans son voyage d'Italie, avec les plus fameux poètes de ce pays, où l'affectation et la mignardise ont prévalu sur le goût pur de la belle antiquité.

Délivré de toute espèce de préjugé national, je ne puis m'empêcher de réfuter ici une critique injuste du fameux commentateur de Newton. A l'approche de Raphaël, Adam invite son épouse à prendre dans leurs provisions ce que leur verger fournit de plus délicieux. Ève lui répond que leurs provisions sont sur tous les arbres qui les environnent, et qu'elle n'a mis en réserve que quelques fruits qui ont besoin d'être mûris par le temps. Newton trouve dans ce passage un abus de philosophie; il n'a pas observé que Milton, qui veut donner à la femme toutes les qualités convenables à son sexe, après avoir peint Ève comme femme aimable, veut la peindre comme ménagère et occupée des soins domestiques. La description du repas champêtre qu'ils donnent à l'hôte céleste, est d'une belle poésie; le traducteur s'est efforcé d'en enrichir les détails et d'en fortifier les couleurs.

Le premier discours de Raphaël paraît tout-à-fait indigne de Milton; il explique longuement comment les Anges se nourrissent et digèrent, et les différences qui existent, sous ce rapport, entre les habitants de la Terre et les pures substances du Ciel.

Le récit que fait ensuite Raphaël de la guerre des

Anges est heureusement amené par la curiosité bien naturelle que témoigne Adam de la connaître. Le début du discours de l'Ange est à la fois noble et touchant. Il était difficile de comprendre comment Adam, habitant de la Terre, pourrait concevoir ces grands événements du Ciel, et l'on doit applaudir à l'art avec lequel Milton est allé au-devant de la difficulté, dans ces vers qu'elle a rendus nécessaires :

Ai-je droit de tirer de cette nuit profonde
De grands événements, secrets d'un autre monde ?
N'importe, ils vous peindront le céleste courroux ;
Et les crimes des Cieux sont des leçons pour vous.
Pardonne, quand des Cieux je te décris la guerre,
Si j'emprunte mes traits des scènes de la Terre ;
Ne t'en étonne pas, je les connais tous deux :
Ce monde bien souvent est l'image des Cieux.

Milton, en faisant raconter par Raphaël cette guerre céleste, a donné aux diverses circonstances de ce récit toute la vraisemblance possible ; il a choisi avec beaucoup de goût un jour solennel, où Dieu avait rassemblé toutes les milices célestes pour proclamer en leur présence, du haut de la montagne sainte, *le Verbe*, son fils et son héritier ; il a déployé toute la magnificence de son style, et dans la peinture du rassemblement de cette armée divine, et dans celle des banquets et des fêtes qui suivent cette proclamation.

Le prétexte que prend Satan des honneurs à rendre dans le nord des provinces du Ciel à son nouveau souverain, est heureusement imaginé pour motiver son départ et sa désertion; le discours insidieux qu'il tient au premier de ses complices est adroit et rapide. La description pompeuse de son palais, de sa magnificence royale, de ses tours et de ses forteresses, en rapprochant le Chérubin rebelle du Dieu qu'il va combattre, fondent de plus en plus la vraisemblance de cette guerre. Le discours de Satan, inférieur à celui qui le précède, a toute l'éloquence qui convient au moment. Mais ce qu'il y a de plus remarquable dans ce chant, c'est le caractère sublime de fidélité que l'intrépide Abdiel conserve seul au milieu de la révolte générale de cette partie de l'armée; ses deux discours sont de la plus extrême véhémence, de la plus grande chaleur. On voit, par cette analyse, que ce chant est dans toutes ses parties l'un des plus beaux de l'ouvrage, et qu'il est surtout remarquable par son admirable variété.

FIN DU PREMIER VOLUME.

www.ingramcontent.com/pod-product-compliance
Lightning Source LLC
Chambersburg PA
CBHW050329170426
43200CB00009BA/1516